弥勒

宮田　登

講談社学術文庫

はじめに

弥勒といえば、誰しも広隆寺や中宮寺の半跏思惟《はんかしい》の高雅な仏像を思い浮かべる。仏教美術の逸品として鑑賞される以上に、その背後に秘められた仏教的世界観に興味をそそられる人も少なくないはずである。

ところが私自身の観点からいうと、弥勒といえば、近世山岳信仰の一つである富士講にみられた身禄行者のあり方であり、一方で鹿島踊りでうたわれる弥勒唄の歌詞にこめられた弥勒の舟の存在であった。

柳田国男が『海上の道』で示唆した東方浄土のみろくの世が、西方浄土を志向した仏教とは別の形で展開したかも知れないという想定のもとに、『ミロク信仰の研究──日本における伝統的メシア観』をまとめたのが、昭和四十五年だった。その後、メシアニズムだけでなく至福千年運動などの関連からとらえる方向を加味して、前著の補訂を行ない、『ミロク信仰の研究』新訂版を刊行したのが、昭和五十年であった。この二著では、終始一貫、弥勒という漢字表記ではなく、仮名表記で示した。それには十分な意図があった。すなわち弥勒信仰を、あくまで日本の伝統的な民俗としてとらえる。だからミロクは民俗語彙の次元で採集される性格があるという考え方によった。この点については、ある程度見通しをつけることができ、それは農耕要素を多分に含んだ日本型のミロクの存在を摘出したつもりである。

だがそうした視点だけでは片手落ちのそしりを免かれない。厳としてインド・東南アジア・東アジアなどの仏教文化圏の中に成長した仏教上の弥勒が存在しているからである。日本仏教史の展開の中で位置づけられる弥勒信仰を通して、民俗的ミロクの性格を考察したらどのような結果が得られるだろうか。

本書は、そういう意味で、あえて民俗語彙としてのミロクからみるという前二著の立場を離れ、あくまで仏教上の弥勒信仰の流れを通して、東アジアの仏教文化圏の中で、日本の弥勒・ミロクの態様を浮かび上がらせてみようという意図のもとに構成された。したがって文中「弥勒」と表現し、一方で「ミロク」「みろく」と表現したりしていささか混乱する向きもないではないが、それはその文脈の中で、よりふさわしいと判断した表記にもとづいたことである点を、あらかじめお断わりしておきたい。

それにしても、時間・空間を超えて弥勒の雄大なスケールは、どこから生まれ、どのように発展したのだろうか。弥勒は未来における人間のあり様を説き、人間の救いを説いて、多くの民族の心をひきつけて止まないのである。いまだその全容はつかみがたいが、巨大な人類文化の深淵を垣間見る思いがする。

前にも述べたように、本書は、私自身弥勒信仰に関する三冊目の書物にあたる。たまたま一九七九年から八〇年にかけて、弥勒信仰に関する三本の論文をまとめることになった。それぞれは以下の三書に収録された。すなわち、一は、上田正昭編『講座日本の古代信仰』第一巻（学生社）、二は、五来重編『講座日本の民俗宗教』第二巻（弘文堂）、三は、芳賀幸四郎先生古稀記念論文集『日本文化史研究』（笠間書院）である。それぞれの論文を再構成しながら、前著『ミロク信仰の研究』新訂版（未來社）の論旨を、さらに深化させるよう意図した折、これもたまたま大阪大学人間科学部で比較文化論について集中講義する機会を与えられ、右の主題を中心に学生諸君に提示した講義内容を基礎として、本書は作り上げられた。

本書をまとめるにあたって、佼成出版社編集部の黒岩泰夫氏には、予想以上のご苦労をおかけしたことをお詫びしたい。ここに何かとご面倒をかけたことを記し、改めて感謝の意を表する次第である。

昭和五十五年三月

宮田登

目次

弥勒

第一章　民間伝承としての弥勒

一　弥勒伝承の特徴〈その一〉

弥勒信仰のとらえ方

弥勒信仰は本来、仏教上の表現である。しかし、これが日本化する過程で、日本の民俗宗教として発現したプロセスについて、私自身今までいろいろと指摘してきた。そこで民俗語彙としてわざわざミロクという仮名の表記をとり、その性格についてとらえる必要性が一方にあることは明らかだった。ところで、仏教の中に弥勒信仰が大きな位置を占めていることについては、従来の研究史が示している。周知のように、仏教自身はインドに起こった世界宗教の体系を持つものであり、これが東漸して六世紀ごろに極東地域の日本列島の内部に入りこんできたのであった。六世紀に弥勒信仰が入ってきたという事実を考えるとき、仏教自身の多くの宗教的要素の中で、特に弥勒信仰を取り上げるに当たって重要な点は、ここに仏教には珍しいメシアニズムの考え方がみられるということである。

それはどのような内容かというと、簡単に言って五十六億七千万年後に、いわばキリストに当たる弥勒仏がこの世に出現してきて、悩める衆生を救うという、きわめて明快な教えなのである。将来、必ず出現するであろう弥勒菩薩に対する信仰が、日本の民間社会に受容されてどのように展開するかは、日本人の宗教のあり方を考えるに当たってきわめて興味深い問題である。

この未来仏信仰の教えは、仏教が移動・伝播《でんぱ》する折に、それぞれの民族に受け止められる段階で、さまざまな形態を示してくるわけなのである。

「弥勒の世」の言い伝え

そこで、弥勒信仰の伝承態について日本の具体的な事例をあげてみよう。『人類科学』VIに九学会連合で調査した石川県能登地方の報告がある。この中で和歌森太郎氏が弥勒信仰の伝承資料を紹介している。すなわち、奥能登地方においては、人々の冗談口に「おまえのようなやつは弥勒の世になっても借金は返すまいから貸さない」あるいは「おまえのようなやつは弥勒の世でも来ればいざ知らず、そうでもなければ金を貸せない」と言ったりするという。それで借金証文を書くときに、「弥勒の世が来たら返すと書こうか、立山に麦が生えたら返すと書こうか」といったいやがらせの文章が認められたりする。あるいは、「こんなうまいことは弥勒の世にもないことじゃ」と言ったりするという。

ここであげられる「弥勒の世」という言い方は、仏教の中にある弥勒という言葉をそのまま使っているけれども、ごく素朴な民衆意識の表われといえる。要するに「弥勒の世」というものがどこかに存在するらしいと考えているけれども、「弥勒の世」がいつ来るのかはよくわからないままで想像している。しかし、いつかは来るらしいとは考えている、ということがこの伝承によってある程度わかる。「立山に麦が生えたら返す」ということは現実にはありえないことだ。立山というのは高山であるから、頂上に麦ができることは不可能に近いが、「弥勒の世」の出現の具体性はそれと同等に思われている。おそらく「弥勒の世」という世界が存在するとしても、実現は不可能ではなかろうか、と人々が想像していたことは重要な民俗的事実である。はかないものであるけれども、日本列島の中にある「弥勒の世」は一種の幻想的なユートピアであったろうということである。右の資料では「弥勒の世」が具体的にどのような構造であるかという点は、一向に表現されていないが、やがてこういう世界は現われて来るだろうという点に大きな特徴がある。

富山県の高岡市でも「弥勒さまの世になっても」という言い方をときどきするという。それは「弥勒さまの世」になったら、何かいいことがあるだろうと考えているらしい。しかし、一方では、そういう世界はなかなか実現しにくいというふうにも考えているのである。民俗的な弥勒伝承についてみると、人々が日常的に使っている冗談のような会話の中で、意識のうちに明確な未来の世界というものは描かれていないということが、ほぼわかる。ただ、「弥勒の世」がやって来るだろうという意識は民衆の中に常に連続しているということが指摘できるのである。

「弥勒の世」への幻想

次に、弥勒伝承の中であげられる事例として、山梨県西八代郡で採集されたもので一人の老人が次のように言っていたという。それは「弥勒の世ではだれも働くことを知らないで、木の枝などにいっぱい実った果物が、自然に落ちてくるのを待って拾って食べているのだ」。これは「弥勒の世」ではだれも働くことを知らない。ただ呆然《ぼうぜん》と坐っていると、自然と木から果物が落ちてきて、それを食べて生きてゆける、という非常に楽天的な発想でありあくせくと働かないでいいような世界を考えているらしい。

ところで群馬県下で「弥勒の世はありますか」と聞くとその答えが、「弥勒の世」は小正月行事と関連することを示している。毎年の小正月に当たる正月十五日前後に予祝儀礼が集中していることはよく知られている。現在では農村地帯でしか行なわれていないが、この儀礼の中でいろいろな飾り物を並べ立てて祝う儀礼がある。たとえば繭玉《まゆだま》などに代表されるが、一年間にこれだけたくさんのものが稔《みの》って欲しいという意図のもとで作られる。群馬県や長野県などの養蚕地帯では、繭玉がたくさん生産されるようにというので、米粉で作った団子を丸めて木の枝にさし、部屋いっぱいに飾

小正月のもちばな（岩手県稗貫郡犬迫町）

り立てる。また、そのほか果物類、野菜類などその土地でその時点に生産されるものをなぞらえて形に作り、朴《ほお》の木のような比較的柔らかな質の枝に差して飾り立てるのである。正月十五日前後に、農家に行くと、茶の間の天井の一角にそういう飾り物がたくさん飾られている様子をたとえば「弥勒の世」のようだ、と言っている。

これは民間伝承として繰り返し行なわれてきた儀礼で、文献の上で何時の点から起こったと記されていることではない。しかし、要するに農民社会の中で「弥勒の世」を想像してみるとこういうように考えられていたのである。それは実現は困難であろうけれども、結局豊穣の世界だと思われている。その点は、きわめてはっきりしている。五穀や繭玉が豊かに稔っている世界、それをあらかじめ祝い、類感呪術を働かせている。現実にはそうではないけれども、そういう形になって欲しいんだという願望に基づいて、作りあげた世界になるわけである。

民間に伝えられている弥勒伝承は、今あげただけでもさまざまな形に分類されるのであるが、私は以前これを七分類したことがある（拙著『ミロク信仰の研究』昭和五〇年、未來社）。ここでもう一度繰り返してまとめておきたい。

第一番目の分類は、今例示したような、漠然《ばくぜん》としているけれども、いつかは実現するかもしれない、そこで現実にはなかなか無理なので、予祝儀礼のような擬似形で想像している「弥勒の世」がある。人がのんびりと坐りこんでいたら、木から果物が落っこちてくるような世界だとか、ただ坐っておれば部屋いっぱいに豊穣が実現するような世界であるとか、日ごろひたすら働きづめであった農民が意識の上に思い描いてほっとする情景に一つの特徴が表われている。

「弥勒の年」のイメージ

第二番目の分類は、「弥勒の年」という考え方。これは一つの年代として具体化している点に興味がひかれる。「弥勒の年」というものを具体的に設定する意識がうかがえるのである。ここで興味深いのは、「弥勒の年」が来る、それは大変な飢饉《ききん》の年で人は食うに困るような年だという。一方では、これはアンビバレントな関係といえるが、「弥勒の年」は大変豊かな年だと考えられている。豊かな年というのは豊穣の世界というものを、絶えず基本として発想する農民の意識から出てきている。ところが二律背反的に飢饉の年という考え方がもう片方に秘められているのだ。

これはなぜだろう。明らかに一つの問題になってくる。その点を考えさせる他の事例をあげると、福島県伊達郡霊山町で伝えられているもので、正月の十四日に、「だんごの年取り」という言い方をしていた。これはお米の粉で作っただんごで、先の小正月儀礼と同様、たくさんいろいろなものを木の枝にさす行事である。これを見て農民たちは、昔「弥勒の世」に飢饉があった。それで食うものに大変困った時にたまたま山へ行ったら、山の木にたくさんだんごがなっていた。それを食べて飢饉を逃れることができたから、それを記念して毎年この日にだんごを木にさして供えるというふうに言っているのである。

巳の年の飢饉

だから「弥勒の世」に飢饉があったという故事に基づいて考えていると言えるだろう。青森県とか、岩手県とか、秋田県とか東北地方には江戸時代絶えず飢饉に襲われた時期があった。そこに飢饉の歴史がある。それに対して十二年に一度そういう飢饉年が訪れるという説明がされている。それを巳の年飢饉と言っていた。どういうわけだか巳の年に飢饉があるという。一般に東北地方では巳の年飢饉は有名になっており、事実、天明や天保の大飢饉には、巳の年がその前後に当たっている。

明治に入ってからも、明治二年が巳の年であった。次に明治十四年が巳の年となり、これも凶作の年だった。どういうことか飢饉が周期的にやってくる。飢饉がやってきて農耕世界が崩壊する状況に襲われるわけだ。そうした時期に、「弥勒の年」だというように考えることがあったといえる。

竹の花（笹の実）異変

ところで民間伝承に「竹の花が咲けば凶年」という言い方があった。これは竹の花、あるいは笹の実異変といわれている。

木村博氏の研究によると、「竹の花が咲くと飢饉がくる」とか「竹の花が咲けば世の中が悪い」とか「竹に花咲けば、竹が枯れるし、飢饉がきて、流行病がはやる」、「笹の実がなる年は飢饉だ」といった伝承が、全国各地で広く聞かれるという。植物学の上でも、竹の開花と結実の現象は、いささか異常と考えられている。竹の花は咲くとすぐに枯れる。枯れ出すと、その付近一帯が全面的に枯れる（木村博「「竹（笹）の実異変」の民俗」『日本民俗学会報』四五）。二十年に一度か、あるいは六十年に一度ぐらい竹に花が咲くといわれている。枯れ竹のありさまを見ると、あたかも稲穂が枯死した格好に見える。それを見て、竹に花が咲くと稲穂が枯れてしまうという予想に連なる。だから飢饉の前兆になるわけだ。この状況は、古代にあっては天変地異に属し、陰陽師《おんみょうじ》たちの注目するところであった。『酉陽雑俎《ゆうようざっそ》』には、「六十年一易レ根、則結レ実枯死」と記し、中国では六十年周期説の考えもあったようである。

ところで竹の花が咲くということは、笹の実のなることを意味した。飢饉であれば、一方では笹の実が救荒食にあてられることになり、むしろ飢饉時の人々を救うことが期待されたのである。つまり稲穂は稔らないで、笹の実がなることは、稲の力が竹の花や笹の実に奪われてしまうということになる。笹の実異変とか、竹の花異変という言い方を、農民たちはするわけだが、そういう危機状況に当然弥勒菩薩が現われて来るという考えが生じたのだろう。事実、山形県には、弥勒が竹に花を咲かせ、笹の実を与えてくれるという俗信があった。

この「飢饉の年」に弥勒が現われるという考え方は明らかにメシア思想を意味していることになる。農耕社会全体が危機状況に陥った時に、弥勒菩薩が現われて救ってくれるだろう。だから飢饉の年がすなわち弥勒の年になるという説明になるわけである。

このことは終末の時期になって、弥勒菩薩が現われるというメシア思想の表現になる。第一番目の分類で、稲米がたくさん稔り豊穣の世界になってほしいという願望がまず基本にあった。しかし、実際の農民の日常生活の中において、これは擬似ユートピアといえるものである。実際の日常の農耕社会は、必ずしも豊穣の世界にはならず、飢饉という相対立する要素が強く表出するという現実が存在するわけである。そうした時期にはそうした危機状況を避けなければいけない。そこでどうすればいいのかというと弥勒菩薩を迎えて、救済してもらうという考え方が当然生じることになる。

したがって、飢饉の年には弥勒菩薩が現われるということは、理屈の上ではおかしくないわけであった。豊穣の世界が「弥勒の世」であるという考え方と、飢饉の年が弥勒の年になるという言い方とは民衆意識の上で矛盾しないことになる。

ここではっきりしていることは弥勒菩薩が出現するという信仰的事実である。弥勒菩薩が出現して飢饉を救ってくれる。だからその年こそ「弥勒の年」だと考える。この「弥勒の年」がさらに具体的になると巳の年に当たるという考え方を持つに至る。

「弥勒の年」に対するより具体的考え方として巳の年という十二年に一度ずつ現われる年を考えるのは、日本の弥勒信仰の一つの特徴と言えるであろう。

二　弥勒伝承の特徴〈その二〉

農耕祭と弥勒

第三番目の分類は、第一類とほぼ類似した考え方で、「弥勒の世」が現われてくることを繰り返し、農耕祭儀の中で謳歌《おうか》《うた》するものである。

たとえば青森県の草取り唄の中で、「今年世の中よい弥勒の世の中」と言ったり、岩手県花巻市の田植踊りの時に「今年の世の中は弥勒の世の中で」、宮城県の仙北地方では、「今年豊年弥勒の世の中」、高知県の高岡郡では「土佐は弥勒世の中」、千葉県でも「今年の年は弥勒の年で」等々があげられる。これらは農耕儀礼の祭りの際に、人々がひたすら「弥勒の世」になって欲しいということを歌いこめる、それが毎年の農耕祭儀のショウ化した形になっているわけだから、すこぶる作為的なものといえる。しかし、民謡の唱句の中に「弥勒の世」が定着化したことは重要であろう。それは潜在化していた意識が顕在化するための一形態と言えるからである。

弥勒十年辰の年

第四番目に分類できるものに、やはり万歳《まんざい》などに用いられる「弥勒の年」がある。万歳は

三河万歳（愛知県安城市）

年頭に当たって、一年間の幸運を寿ぐ役割をもった客人神《まろうど》に擬せられるものだった。折口信夫はこれを訪れてきて幸福をもたらす来訪神の姿に見立てた。万歳という形でそれが現われてくるわけであるが、とりわけ三河万歳が「弥勒十年辰の年」という唱句を盛んに歌っていたことが注目される。

さらに、「この年は災難多かるべし、この難を逃れんには正月の寿を祝うにしく事なし」とも言っている。「弥勒十年辰の年」というのは災難が多い年である。そこで災難を逃れるためには、正月をもう一度やり直せ、というわけである。一年の間に二度も三度も正月をやり直すというのは興味深い感覚であろう。これを流行《はやり》正月というが、日本の民間社会には、不運が続くとすぐそれを切り換えてしまう呪いが多かったのである。流行正月には明らかに不運な年を幸運の年に切り替えるという意識が基本的にあるといえる。

日常的に多いのは厄《やく》年の風習である。民俗の上では四十二の厄年儀礼が普及しており、盛大な厄落しの祝いをする。四十二歳の年の二月一日に祝うと、正月を改めて迎えたことで四十三歳になると意識されている。たとえば大勢親戚・知人を集め、どんちゃん騒ぎの宴を催して、年重ねとか、年祝いといって一年分をずらしてしまったのだという感覚がこめられている。

流行正月の慣行も運が悪い年ならもう一度年を改めてしまえばよい、そういう考え方から編み出された呪術といえる。

そこで「弥勒十年辰の年」にかえってみると、辰の年を改めると何の年になるかというと、これは明らかに巳の年を迎えることである。前述のように巳の年は農民社会の中では、飢饉の年として恐れられている年だった。だから辰の年につづく巳の年というのは、日本の民間信仰の中では、この世が変わるという変革意識を強く示す年ではないかと考えられた。干支の辰というのは龍である。巳は蛇《へび》である。干支の俗信でも龍とか蛇とかの動物は脱皮新生をする存在なのである。蛇が抜けがらを残してはい出して来るのはほぼ六月のころに当たる。

だから六月に巳の日が三回あると巳の年だという言い方も生まれていた。なぜそうなのか。この場合想定されている巳の年というのは、ひと月には干支はだいたい二まわりするから、二回が普通である。仮にそれが三回あることは異常であり、何かの前兆になるふしがある。特に六月の蛇が新たに現われてくるような脱皮新生の時に巳の日が三回やってくるというのはノーマルではない年である。興味深いのはその年こそ「弥勒の年」である、という考え方をしたことである。

一種の語呂合わせ的な考え方は、一般に日本では普及しており、何でもかんでも語呂を合わせて、より縁起のいいほうにとらえていこうとするのである。

万歳が「弥勒十年辰の年」というふうに歌っていることが、興味深いものであるのは、そういう年が必ず来ることを予言しているからなのである。つまり年の初めに当たって予言者が現われてきて、「弥勒の年」が現われるということを、盛んに言って歩いたと推察される。まれ人にあたる万歳師には予言者としての性格が本来含められていたわけである。

弥勒踊りと事触れ

さて、第五番目は、こういう予言者の言葉に基づいて、歌や踊りが踊られたことである。その具体例は弥勒踊り・鹿島踊りであった。分布地帯の中心は茨城県の鹿島地方であり、鹿島神宮を中心として、鹿島踊り・弥勒踊りが流行したといわれている。流行したのは江戸時代初期だと思われているが、当時、悪い病気がはやり、それを追い払うために、年の初めに鹿島の事触れが託宣した。事触れは一種の予言者であった。それは鹿島信仰の内部から出てきた存在である。その点は第五章でさらに詳しく説明するが、要するに予言者としての事触れが地域を訪れ一年間のできごとを託宣して歩いていたのである。鹿島の神託を伝える際、事触れを中心にした踊りが踊られたらしい。その踊り歌の文句の中に、「弥勒の御代」つまり「弥勒の世」を歌いこめるものがあることが注目されるのである。

この問題は柳田国男が『海上の道』の中ですでに触れている。柳田は日本の世直し運動の発端が鹿島踊りにあるのではないかとし、事触れが予言して歩いて、大勢の群衆を集めて村々を踊りまくったという、一種の宗教的な運動になってゆく道筋を予想した。ここに世直しの中心に「弥勒の世」の観念があることが明らかにされたことは重要である。

たとえば「まことやら、鹿島の浦に弥勒お船が着いたとよ、ともえには伊勢と春日の中は鹿島の御社」という文句がある。これは、宝船が海の向こうからやって来るという内容で、弥勒船とともに「弥勒の世」が実現するという。この歌の言葉をみると、海上彼方と現世をつなげる思想を看取できるのである。

太平洋沿岸の地域には、海の向こうから、宝船、要するに幸運を満載した船が、必ず訪れて来るという信仰があったわけである。それが柳田の説く「海上の道」につながってくるのであるが、そのルーツは海の向こうから船に乗って日本を訪れた、原日本人的存在がいるのではないかという発想に出発しているといえる。

原ユートピアにあたる原郷から豊かな富を持ってこの地へやって来る存在があるということなのである。この点に日本型の弥勒信仰を解く鍵があると考えられよう。

大地震と弥勒

第六番目には、「弥勒の世」を前提にして、それが現われてくるのは、大地震が起こった時だという考えのあることである。大地震が起こると大地が破壊され大津波が起こる。要するに自然界の破局を意味するのであり、これは古来から世界の破滅と考えられた。世界が破滅してしまうと、そこに弥勒が現われてくる。この思考はキリスト教的世界観、西欧的な考え方と同じであろう。黙示録に示される世界の終末があって、キリストならぬ弥勒が出現する。地震というのは地新、つまり大地が新しく更生するという語呂合わせ的な考え方もある。さらに興味深いのは地震のことを「世直し」という言い方で表現したことである。大地震が起こったあとに新しい世界が生まれるだろうというふうに考えた場合、弥勒菩薩が大地震のあとにこの世の中を鎮めるために現われてくるのではないかという考え方がここに示されてくる。

この点に気がついたのは長野県の下高井郡山ノ内町に地震の神さまとして弥勒さまが祀られていたことによる。ここでは大地震が起こった時に石仏である弥勒菩薩が少しずつ地面の上に身体を現わしてくるというのである。現在も山ノ内町湯田中の温泉町の一角の、小高い丘の中腹にこの弥勒仏は地震鎮めの神として祀られている。

不思議なことは地震が起こると、弥勒仏がその地震を逆に押さえこむという考え方であった。だから地震鎮めの神さまになっているというわけで、大地震によって弥勒が出現するのではなくて、弥勒が地震を押さえこむという考え方に固定していることである。

したがってラジカルな形で救い主となって、大地震を起こしてこの世の中をひっくり返す弥勒菩薩ではないということが、この大地震との関係から見るとわかってくる。

入定ミイラの思想

七番目の分類にあげられるものは、「弥勒の世」の出現を期待しながら、入定《にゅうじょう》自殺をとげた人々の存在とその信仰である。入定行者による弥勒信仰というものが明らかに系譜づけられてくる。一番多いのはミイラになった行者たちであった。現存するミイラは一時話題になったけれども、現在でも東日本の主として東北地方にかなり多く現状保存されている。有名なのは出羽《でわ》三山の湯殿山《ゆどのさん》行者であり、入定ミイラ化した湯殿山の行者たちの考え方は、弥勒菩薩が五十六億七千万年後に現われるから、その間身体を生身で保存

湯殿山即身仏・真如海上人（山形県大日坊）

させておき、弥勒仏が現われた時に、ともにこの世にもう一度再生しようという考え方である。入定は即身成仏を教理にもつ真言宗によって具象化された。湯殿山はこうした真言宗系統の修験者のセンターとして知られる所である。

民間に普及している弘法大師伝説も同じ点が認められる。弘法大師が高野山の奥の院に今もなお生きていて、毎年墓を空っぽにして巡礼とともに歩きまわるという信仰がある。大師は弥勒仏がこの世に現われるのを待っているのであり、同じように自分たちも弥勒仏が現われるまで、身体を生身に保存させておきたい、それでミイラになろうという考えである。

入定伝説はいわば「弥勒の世」を期待するという考え方の表出であった。日本宗教史の中でもっとも有名なのが富士講行者の身禄《みろく》伝説である。富士山を中心とした信仰は近世民間信仰史の中で大きな位置を占めている。富士信仰の指導者である行者に、身禄という名の行者が実際に現われた。そして一七三三年に自ら富士の山頂でミイラになるために自殺をしたことで知られている。さらに自分は弥勒菩薩の化身であると意識していたらしい。

こういう行者が民間信仰から出てきていることは注目されよう。弥勒の生まれ変わりだとはっきり意識したのは日本ではこの人が初めてであろう。そして、この考えは入定思想の中から現われてきているといえた。つまり、山岳行者の世界観の中でも、「弥勒の世」というものが必ず現実に実現するに違いないと考えられていたことが明らかになっている。この身禄思想は後に富士講→不二道という教団組織に発展した。すなわち富士講の存在は日本の新宗教運動の原点に当たるものといえるのである。弥勒という名称が思想を伴って表現されたことは、その後の新宗教のあり方を考える上でかなり重要なことだと思われる。

「弥勒の世」の特徴

日本の民間伝承において顕著に伝えられている弥勒仏に関する伝承は、ほぼ以上のような七つのタイプに分けられるのである。そこで弥勒仏の性格を考える上で、以上の民間伝承の中の特徴として、どういうことが言えるだろうかということを考えてみよう。一つは第一と第二のタイプの中で言えることであるが、顕著な点は、要するに農耕社会の世界観との結びつきである。

仏教上の弥勒浄土、その系譜から生じた「弥勒の世」というものは、仏教的な理解を一応さしおいた場合、日本の民衆の間では、弥勒菩薩が現われるのは農耕社会が危機的な状況に陥った時なのだ、と考えられていた。

この点をもう少し具体的なデータから見てみると、先ほどの石川県の能登地方にある町野町に、「弥勒たんぼ」という地名がある。この由来は、かつて「弥勒たんぼ」のまん中に弥勒玉津島神社というお宮があったためである。これは現在は明治末の神社合併でなくなっているけれども、神社のご神体は、一寸八分の米のもみであったという伝説がある。お米のもみを弥勒神社として祀っていたことになる。

さらに、近くの柳田村では「弥勒の本地は米三粒だ」という表現があった。これも重要な伝承と思われる。本地《ほんじ》というのは神仏習合の考え方でそれを米三粒だと言っているのである。

その隣りの松波町では、「田の神さまといえば弥勒さんのようなものだ」とも言っている。

いずれにせよ、「弥勒たんぼ」というのは、良いお米が取れる田を言っているようである。その「弥勒たんぼ」は弥勒神社とよばれる聖なる空間の一部の中に位置づけられていた。弥勒は田の神、あるいは米三粒と言ったりするが、明らかに米粒、稲米あるいは稲霊《いなだま》と深い関係があることがわかる。

日本の各地で八十八歳になると弥勒さまになるという言い方がある。日本人は大変語呂合わせが好きな民族だと指摘したが、その具体例の一つである。つまり米という字は、これをばらすと八十八となる。八十八歳を米寿というが、八十八歳になれば弥勒さまになるという理解がそこから生まれている。

だから、能登地方のこの辺りで米寿のお祝いの時は、「弥勒の位を授かる」というくらいで、人々は盛大なお祝いをするという。男の場合は秤棒《はかり》を作って、それを親戚・知人たちに配る。女のほうはおしゃもじを作って配る。そうするといずれもそれをもらった家々はお米がたくさんできて、なくなることがない、という言い伝えが残されている。

以前八十八歳を越えたおじいさんやおばあさんがいる家では、弥勒菩薩を祀っているのだということが言われていたほどである。こうした民間の言い伝えを見ると、日本のような稲作農耕民の間で、弥勒菩薩は仏教が入ってきた時に、基本的な稲霊に対する信仰、すなわち農耕社会を豊穣にさせる稲（田）の神とストレートに結びついてきているということがわかる。周知のように観音とか、地蔵、薬師にはこういう性格はそれほどないのである。これら仏菩薩たちはやはり民間に発達した信仰であるけれども、弥勒菩薩は特に稲の神と深く結びついているといえるのだろう。

こういう考え方からすれば、農耕の祭りの時に、たとえば田の草取りの歌であるとか、あるいは田植えの時の歌であるとか、その歌の中に弥勒を歌いこめているという理由もわかるわけである。先ほどの海の向こうから来訪神がやってくるという弥勒歌、あるいは宝船がやってくるという歌の中においても、弥勒菩薩が稲の種を播いてくれるという文句が含まれている。「米を三合播こうよ」という言い方もあったのである（第五章参照）。

こうした踊歌の文句も示しているように、「弥勒の世」が、農耕的な豊穣世界を表わしているということは大きな特徴であり、この点はかなり明確に指摘できるだろうと思われる。

第二章　宗教運動と弥勒

一　宗教運動とメシアニズム

メシアニズムのとらえ方

弥勒信仰は、こうした事例からみると日本では農耕民の日常の生活意識の中にまで入り込んできたということになる。第一章で記したように、弥勒信仰はメシアニズムの性格があり、さらにもう一つはミレニアム（もともとは千年を意味する言葉。終末的状況の中でメシアの統治する王国＝千年王国を待望する宗教運動）の性格もある。この両者を持った、仏教には珍しく広がりの大きな世界観を内包していた。これが伝播《でんぱ》するにつれ、さまざまな民族が受け止めてゆくときにそれぞれの民族性に関わる部分が発現してくるものと予想された。ひとくちに弥勒信仰と言っても、それを受容する際、民族性が現われてきて反映するのである。すなわちそれは民俗宗教という形で現われてくるのが基本になると言える。こうした観点から日本の民俗信仰の宗教民俗学的研究が成り立ってくる。そしてそれとは別に、文化人類学の上でもメシアニズムの研究は大きな地位を占めている。

したがって、弥勒信仰を取り上げるに当たっても、メシアニズムの汎人類的な考え方の中で、弥勒信仰がどのように位置づけされているかということを考えておかなければならない。

新宗教運動の特徴

イタリアのランテルナーリの『虐げられた者の宗教――近代メシア運動の研究』（新泉社、堀一郎、中牧弘允訳）には、世界中の新宗教運動についての、大まかな説明がされている。

この書物の中で日本に関する部分は、わずか四ページが割かれているにすぎない。そして日本のメシア運動については、次のように記している。

日本における最近の宗教運動の最も顕著な側面は、それらが吸収・変形した多様な傾向や伝統のうちに、また本来のメシア的思想を欠くという点に見出される、と結論づけられる。メシア思想の欠如は、日本が外国支配というよりも社会内的勢力からの解放を求めてきたことを考えれば驚くに足らない。多くの新宗教やキリスト教に見られる天上の王国とか聖なる都とかの約束は、人々が抑圧や外国支配からの逃避を切に求める時にのみ必要なのである。（同書、二三六頁）

多くの世界に共通する新宗教のあり方をみると、人々が外国支配から逃避するということを、切実に求める時に顕著に表われてくる点が問題となる。日本は一つの島国として極東に位置づけられていて、国内で強力な権力者が君臨し、人々をば長い間抑圧してきたという歴史的事実は乏しい。さらに、外国の支配勢力が日本を直接支配していたということがなかった。よって他の民族に共通に現われてくるような新宗教運動の形は、日本には顕著ではないのである。ランテルナーリの指摘するように、むしろ日本の新宗教運動は、世界平和とか同胞愛の追求という平和運動に表面的に現われている。たとえば、代表的新宗教といえる大本教の教団展開のあり方をみてもわかる。さらに、ランテルナーリは「日本人は仏教やキリスト教の思索性（中略）からこうした態度を継承してきた」（同書、二三六頁）という説明をしている。要するに、ここで日本にメシア思想が欠如している点が、大きな特徴として考えられているのである。

具体的事例としてしばしばあげられるのは近代の天理教、それから第二次大戦後の天照皇大神宮教、すなわち北村サヨの踊る宗教である。しかし、この二つの教団の資料だけで日本の新宗教運動の特徴の全てを語るわけにはゆかない。本書の主題である民俗宗教としての弥勒信仰もその一つのケースとなるのである。

新宗教と弥勒

ランテルナーリは弥勒信仰の問題についてこう指摘している。すなわち、天照皇大神宮教の北村サヨは、第二次大戦後に踊る宗教で一躍有名になったが、北村サヨがなぜ救い主として現われたのかというと、これは大乗仏教上のメシア的約束を成就する救世主として位置づけられているためであるという。救世主は弥勒菩薩の到来の予言によって可能となる。弥勒菩薩は悪が世界をのみ込み、そのあとに法と正義が確立される世界の終末に当たって来臨するということになっている。つまり、大乗仏教のメシア思想である弥勒菩薩の到来が、そのまま天照皇大神宮教の北村サヨになっていると説かれている。

弥勒菩薩の信仰は、新宗教のひとつの軸になるということが、この書物の視点となって表われていると言えるだろう。

ランテルナーリの考え方にもあるように、文化人類学的に見た場合、がいしてメシアが登場する地域は、ヨーロッパ諸列強の植民地となった国々に集中している。土着の民族文化が圧迫される、あるいはヨーロッパ列強の植民地支配によって、その存在が抹消されるような民族国家に限定されているのである。

カーゴカルト

世界史上のある変革期の段階に、メシアと称される存在がきわめて明確になるという点が注目された。ヨーロッパ人が到来する以前までは孤立して生活していた民族に、ヨーロッパの植民地支配が進むにつれて、社会生活の変化がさまざまに生まれてきて文化変容が生じた。これは文化人類学からのひとつの説明であるが、特に土着民と白人の接触の結果、そこにさまざまな国際政治、あるいは世界経済の力関係が現われてくるわけである。

土着民がそうした外国勢力に対抗して武力的反抗を行なう形態に、しばしばメシア運動が現出する。著名な事例は、カーゴカルトあるいはゴーストダンスなどである。

一般にメラネシアに顕著なカーゴカルトとよばれる宗教運動は、白人の乗った西洋の船が、土着民に財宝や幸運をもたらすというもので、その結果土着民である黒人が白人と平等になるというユートピア観を現出させている。カーゴは船荷であり、これは富の象徴である、しかもそれは白人の贈物とみなされている。白人の船が港に到着すれば、繁栄の世界に導かれるという感覚の基礎には、ヨーロッパの工業製品を霊的な産物とみなした点がある、そして死者の霊は白色であり、それが白人となって出現するといった死者崇拝もみられる。興味深いことは、船荷が死者からの贈物とみなされている点であった。

こうしたカーゴカルトの到来は、予言者によって告げられる。そのモチーフは、大洪水、火山の大爆発などによって終末が訪れ、その後、あらゆる財宝を満載した船が到来するという内容で共通している。その折に死者が復活するのである。しかもそれは白人に変身した姿をとるというのである。

カーゴカルトの発生は、現実の白人たちの到来によって、土着民の理想が一層真実味をもって迫ってくる事態となった。白人の出現は強烈な印象を土着民たちに与えた。長い間ひそかに抱いていた地上天国が、白人の贈物によって実現すると信じ、一種集団的エクスタシーの状況を迎えるに至ったのであった。

コレリ

オセアニアに起こったコレリと称するメシア運動は、一九三八年から一九四三年にかけてのラジカルな暴動として知られている。スピオリ島に起こり、周辺の島々にあっという間に伝播した。最初は女予言者アニガニタ・メヌフォエルによって創唱され、次々と予言者が輩出した。コレリはユートピアを意味しており、白人支配の優越性が説かれることにもなったが、同時にかれら部族の英雄伝説の主であるマンセレン・マングンディの再来によって、死者の富が人々に分配されることが強調された。この場合英雄マングンディこそ、かれらの真の救い主としての信仰を得ていたのである。

ゴーストダンス

北米インディアンの間にみられたゴーストダンスは、北米インディアンのアメリカ人に対する武力闘争のさ中に現われた一種のメシア信仰であった。特に死者がこの世にもどってくるという信仰がその枢軸に存在した。インディアンの宗教運動は、一八世紀後半より形を整えはじめ、政治的軍事的運動の色彩を次第に持つようになった。

しかし、その基本はゴーストダンスの名前が冠せられているように、至福千年運動の実現が集団的な民俗舞踊の儀礼と結びついて説かれた点に特徴があった。

土着民の新宗教運動は地元の住民たちによる白人の破局的終末が訪れ、その後白人は消滅するという予言にも現われている。白人の進出により、肺結核はじめさまざまな疾病も一緒にもたらされてくるという認識もなされている。これなどはカーゴカルトの受けとり方とは逆である。

マンセレン運動

次に、ジャワのマンセレン運動を紹介しておきたい。一八五〇年ごろから一世紀の間、北西ニューギニア、特にギールビンク湾周辺からジャワにおいて、マンセレン運動という宗教運動が起こっている。

この〝マンセレン〟というのは〝マン・オブ・ロード〟の意味であり、これは、文化的英雄として超自然的な誕生をした存在であった。この特徴は彼がメシア、あるいはメシアの使徒であると考えられている点にあった。それがどういう形で現われてくるかというと、シャーマンが神がかりをしたときに、託宣の中でマンセレンの再臨を予言する。そこでシャーマンの口をかりて〝マンセレン神話〟が語られてくるのである。

マンセレン神話の内容は、金星によって神秘力を与えられた老人が、処女を懐妊させ、子どもを産ませた。周辺の人々は大変怒って、この老人を追放した。ところがある日老人は、たくましい若者に変身した。すなわちこれがマンセレンの誕生を表わすという。

マンセレンは、子どもの遊び場として多くの島々をつくりあげた。多くの集団がマンセレンの直接の子孫であると主張しており、マンセレンは法律とか慣習、家屋といったものをつくったとされている。

マンセレンはその後行方がわからなくなってしまったが、必ず再来するであろうと信じられている。culture hero（文化英雄）である彼がおとずれたときは、ふたたび黄金時代がよみがえるであろう。そのときになれば老人は若返り、病気やけがをしている者は回復し、食糧や衣類が豊富になる世界が始まるであろう。若さとか美貌《びぼう》、富とか調和が支配し、そしてオランダの植民地支配はなくなるであろう。そうすれば、強制労働とか課税もない世界がおとずれるであろう、とこのように説いている。

ジャワのマンセレン運動は、明らかに土着民によって構想されたメシア運動であるが、金星によって神秘力を与えられたというのである。金星は一番よく見える星であって、この星によって力を与えられた老人が、若者によみがえってきて、創造主としてさまざまな世界を造り上げてゆく。すなわち、異常な力を発揮するのである。そして処女懐胎であったという。さらに住居をつくったり、法律をつくったりしたというふうに伝承している。

黄金時代がよみがえってくるという考え方は、新しい世界へと更新されるという意識の発現であって、マンセレンがこの世に現われてくるという説明をするのは、シャーマンすなわち超神秘的な能力を持っている呪術者がいて、マンセレンはよみがえるということをトランス状態となって盛んに主張するわけである。救い主マンセレンを登場させて、かれがこの世に現われてくるというふうに説くのは、どうもキリスト教の影響を受け始めた時期からであると、従来の研究では指摘している。

キリスト教がなぜマンセレンを強調するのかという点がひとつの問題なのであるが、ジャワではキリスト教進出以前はそれほどマンセレンを強く言わなかったそうである。だから、キリスト教の影響を考えるときに、キリスト・イエスという救世主の再来信仰が土着宗教に対して強い影響を与えた、つまり、キリスト教と民俗宗教との混合形態の中からメシア的新宗教運動が起こった典型的な事例といえるのである。

二　弥勒信仰の原点

さて、そこで弥勒信仰に内包されている宗教的要素の中で、宗教運動の契機となりえるものについて検討しておこう。

弥勒浄土のとらえ方

弥勒菩薩に関する仏教学上の研究はかなり進んでいる。古典的な成果は明治の末期に出た松本文三郎著『弥勒浄土論』である。この書物は、日本の弥勒研究の出発点を示すものといえるが、主として仏教学の観点から論じられている。

それから、弥勒信仰の基本的な原点というべき経典については『弥勒経』を解説した渡辺照宏氏の『愛と平和の象徴——弥勒経』(昭和四一年、筑摩書房)がある。

渡辺照宏氏の『弥勒経』によって説明された部分は、弥勒信仰を考える上で大変重要なものであるといえる。すなわち、『弥勒経』の基本点はひとつの浄土思想である。浄土思想の中に弥勒浄土といったひとつのユートピアが想定されている。いわば仏教上のユートピアに当たるものである。仏教上のユートピアの中には、弥勒浄土のほかにも阿弥陀浄土とか観音浄土とかがあるわけで、その中で弥勒浄土がどのような位置にあるのかという点を知る上で、『弥勒経』の示唆するところは重要である。そこにはかなり汎人類的な思考が示されていると考えられている。

仏教の上では極楽とか地獄が他界として想定されているわけである。極楽は弥勒浄土ではなく、阿弥陀仏の国土である。極楽の本義は何かというと、幸福の満ちているところという意味である。幸福のみなぎっているところとしての極楽の阿弥陀浄土については、経典では『阿弥陀経』に記されており、その状況が詳しく描かれている。

極楽世界

たとえば、極楽世界は香ばしいもろもろの芳香が充満しており、さまざまの花や果実が豊かに実る宝石の樹木で飾られ、妙なる鳴声をしたいろいろな鳥の群れが飛びかっている。しかも、それら宝石の樹木は豊富な色彩をしており、一色ではなく無数の色からなっている。黄金色をした黄金でできた木もあれば、銀色をした銀でできた木もある。瑠璃《るり》色をした瑠璃づくりの木もあれば、水晶色の水晶づくりの木もある。琥珀《こはく》色をした琥珀づくりの木もあれば、珊瑚《さんご》色をした珊瑚づくりの木もある。また瑪瑙《めのう》色をした瑪瑙でできた木もあるといったもので、要するに金や銀や水晶、琥珀、瑪瑙というような宝石類に彩られた華麗な国である。すべての樹木の根も幹も、大枝も小枝も、葉も花も、果物もやわらかく、さわった感じは快く、芳香を持っている。風に揺り動かされたときは美しく快い音が流れ出でて、耳を楽

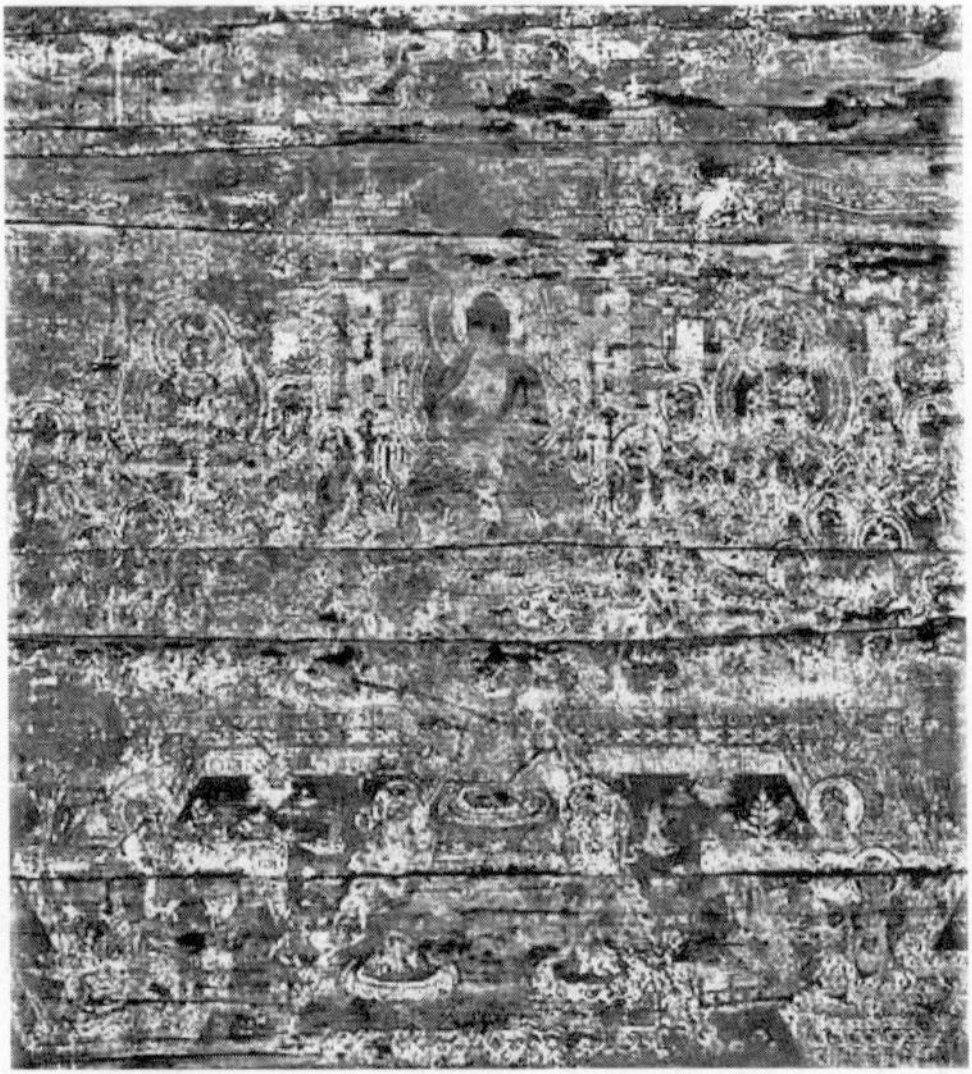
智光曼荼羅図板絵（元興寺蔵）

しませ、聞いていて不快な感じはまったくない。こういう素晴らしい国が極楽浄土として存在するのである。

　ここに描かれているように全体にスケールが大きい世界である。これはインドの原始仏教に共通なことであるが、日本といささか物差しが違う。たとえば、弥勒浄土の場合五十六億七千万年などといっても、とても日本人では信じがたい未来になるわけであるが、五十六億七千万年たつと兜率天《とそつてん》——天上で弥勒の住んでいるところ——から弥勒仏が降りてきて、衆生を救う。その時期は、決して実現不可能な遠い未来とは思われていない。

兜率天のあり方

兜率天は弥勒の浄土である。これはわれわれが住んでいる現実の世界から三十二万ヨージャナの天上にある。縦と横はそれぞれ八万ヨージャナであるということである。つまり、はるか天上にある浄土だというのが兜率天の特徴となっている。このヨージャナという単位は不明確であるが、だいたい一人の人間が一日歩く距離に相当するという。だからはるか天上にあることは確かである。宇宙の空間におかれた宇宙衛星とでも考えていいのかもしれないだろう。そこに弥勒浄土が兜率天という名前で存在しているのである。

兜率天に弥勒菩薩が住んでいるという考え方は、古くからあったと言われている。そして、五十六億七千万年後に現実世界に降臨してくる。これを弥勒下生《げしょう》という。『弥勒経』のうちの『弥勒下生経』とよばれる経典にそのことが細かく記されている。言い換えれば、これは一種のメシアが出現することを説いた経典ということになる。ここに描かれた兜率天の世界、つまり弥勒浄土の世界というのはどういうものか、前記渡辺照宏氏の書物を参考にして次に記しておこう。

『弥勒下生経』の世界

『弥勒下生経』の中の一節を紹介してみる。

そのころ四大海の水面は減少して三千ヨージャナとなる。世界の大地は縦横各一万ヨージャナの正方形のかたちをしている。

大地は平らで清らかであり、瑠璃の鏡のごとく、美しい花が咲きそろい、花のひげはやわらかで、見事な果実がなる。くさむらにも林にも木にも美しい花々が咲き乱れ、甘い果実がなり繁る。そして、それは天上の帝釈天の園にもまさるという。木の高さは三十里にも及び、町や村が立ち並んでいる。しかも家並みは鶏でさえ一とびで達せられるほど接近する有様となる。これは雑踏する盛り場を意味し、大都会になることを表現しているといえる。

そこに住む人々に関して言えば、仏陀のもとで大きな善根を積み、慈愛の心を実行した報いとして、その国に生まれてきた者ばかり。知恵も威徳も備わり、官能のよろこびもあり、寒さ、暑さ、風や火による煩いをもたないのである。しかも寿命は八万四千歳ときまっていて、早死にする者はないという。人間はすべて身の丈十六丈、毎日をきわめて安楽に送り、深く生きていることをよろこぶのである。病気といえるものはなく、不便なものといえば、飲食の必要と大小便と老衰の三つだけである。女性は五百歳になってはじめて結婚するとある。

そして、やがて最高の理想郷が実現する。それは、ケートマティという大きな都市の完成によって示されている。この大都市は縦横一千二百ヨージャナ、高さ七ヨージャナ。七宝《しっぽう》で飾られ、自然にできあがっている七宝の楼閣は美しく見事に飾られ、清らかである。七宝というのは、金・銀・瑠璃・瑪瑙・琥珀・珊瑚・真珠と、要するに種々の宝石類である。想像上描かれた大都市空間がここに存在している。たとえば、窓には宝石のごとき女性が立ち並び、手に手に真珠でつくった薄絹の網を持ち、それにはさまざまな宝石が飾りつけてある。

そして宝石の鈴がいっぱいかけてあって、あたかも天上の妙なる音楽のような調べを奏でているという。

七宝の並木があり、木の間には川や泉があり、それらはすべて七宝から成り立ち、さまざまな色をした水が流れて輝き、交差しても互いにまじり合わず、その両岸には黄金の砂が敷きつめてあるという。道路はすべて幅十二里、そこはすべてに清らかで天上の園のようにきれいに掃き清めてある。さて、その大都市にはターラシキンという名の大龍王がいて、福徳と威力を備え、都の近くの池の中の龍王宮殿に住んでいる。その姿が七宝の高楼のごとく外面に現われて見えているという。

兜率天曼荼羅（延命寺蔵）

この大龍王は、いつも夜中になると人間の姿をして、吉祥水を入れたびんを持ちながら、香りよく色美しい水を道路に振りまくので、道路はいつも油を塗ったように滑らかであり、人々が往き来するときには塵埃《じんあい》が立たないのである。

福徳の結果として、道路のところどころに、明珠の柱というものがある。それは高さ十二里で、太陽よりもさらに明るく、四方それぞれ八十ヨージャナを照らし、しかも純粋な黄金色であり、その光は昼も夜も変わることがないという。それに比べると灯火などは墨のかたまりくらいにしか見えないのである。いわば、蛍光灯に照明された不夜城の都市空間のことを表現しているようである。

ときおり香りよい風が吹いてきて、明珠の柱に当たると、宝石の首飾りを雨のように降らせるという。その宝石を身につけると、人々は自然に高い精神的境地をたのしむような感じをもつに至るという。方々に金や銀が山のように積まれており、それら宝の山は光沢を放って都市空間全体を照らすのである。この光明を受ける人々は、みなよろこんで悟りを求める。

さて、その地に偉大な夜叉がいて、その名をバドウラプーラーシャーサカといった。昼も夜もケートマティの都とその住民たちを保護し、かつまた掃除してきれいにするという。――これは、ガードマンがついていて防護にあたりかつ清掃人をも兼ねているというわけである。

人が大小便をすると、地面が割れて中に吸い込まれ、吸い込んだ地面の跡は元どおりふさがってしまい、かつその上に赤い蓮華が生えてきて、いやなにおいを覆ってしまう。――これは、水洗便所で除臭剤が使われていることを想像しているようだ。そのころの人間は年をとって老衰すると、ひとりで山林の木の下に行き、安らかに楽しく仏陀を念じながら命を終え、死後多くの者は大梵天の天国、またはいずれかの仏陀のもとに生まれかわるという。その国は平安無事であり、敵もなく盗賊もなく、盗まれる心配もないので町でも村でも戸を閉めないという。

水害も火災もなく、戦禍もなく、飢饉《ききん》や毒害などの災難もない理想郷なのである。そこではいつも人々は慈愛の心を持ち、恭敬和順で、官能を抑制している。あたかも子が父を愛し、母が子を愛するように人間関係は円滑であり、お互いの言葉つきは謙虚である。その国に生まれた人々は不殺生戒《ふせっしょうかい》を保ち、肉を食べないので官能が安定している。顔かたちは美しく、威厳があり、神々の子のように見えるという。——肉を食べすぎるとセックスが強くなるから、肉を食べさせない。だから菜食主義が中心となっている。

また、八万四千の小都市が付属しており、それらはすべて宝石から成り立ち、ケートマティは中心に位置するのである。男も女も、大人も子どもも、遠くにいても近くにいても、仏法の不思議な力により互いに自由に出会うことができるという。夜光《やこう》の珠《たま》や如意宝珠《にょいほうじゅ》などが花となって、世界中至るところに咲き乱れ、七宝の花びらを雨のように降らせ、さまざまの花が地上を覆い、または風に吹かれて空中に舞い飛んでいる。

都市や村落には、園や林や、池や泉や、川や沼などが備わって、自然に八功徳水《はっくどくすい》が満ちている。八功徳水というのは功徳のある八つの水という意味で、甘く冷たく、やわらかで軽やかで清浄であり、かつにおわない。飲んでのどを痛めない。飲んでもおなかをこわさない水だという。

たくさん数えきれないほどの鳥が林や池に集まってきており、見事な声で歌っている。黄金色で清らかに輝く花々、阿輸迦樹《あしゅかじゅ》の日光のように明るい花々、七日の間純白に薫る花々、六色の花々、そのほか数千万種類の水中の花、陸の花が咲きほこる。そして花々は青色からは青い光が、黄色からは黄色い光が、赤色からは赤い光が、白色からは白い光が輝きわたる。その香りも清らかさも比べるものがないほどで、昼も夜もいつでも咲きそめていてしぼむことがない。いかにも大自然の美に囲まれた楽園という描き方である。

また、如意とよばれる果樹があり、その香りのすばらしいことたぐいがない。その香りは国中に満ちており、その黄金の光が宝の山の間に生じて国中に満ち、快い香りが至るところに漂っている。すべてに芳香が満ちた空間で、人工と自然の調和した姿が浮かび上がってくる。

雨の恵みはときに従い、天上の園には香りのよい稲ができる。この稲は不思議な力のおかげで一度種をまくと七度も収穫することができるのである。したがって、人間の労力はきわめて少なくて済み、かつ収益の方はきわめて多い結果となる。穀物は盛んに繁り、雑草の煩いはない。これというのも人々が善行を積んだためなのである。ここには農耕世界の豊穣が描かれているが、都市空間の美に比べていささか構想の弱いことに気づく。

だが穀物を口に入れると、こなれがよく、さまざまのすばらしい味がして香りも申し分なく、しかも気力が充実する。――こうしたすばらしいユートピアが出現してくるわけである。

転輪聖王の出現

さてその国に、シャンカという名の転輪聖王《じょうおう》が出現する。ここに一つの特徴が表われている。つまり、直ちに弥勒が出現するわけではない。シャンカはすなわち俗界の権威ある王なのである。これはあたかも天理教でいう天輪王に相当するだろう。この転輪聖王というのは、象の兵隊、騎兵隊、車兵、歩兵の四軍を持ち、しかも武力を用いずに全世界を平定するのである。

この俗界の王が、まずすばらしい弥勒浄土の支配者として最初に就任する存在として描かれている。このシャンカ王すなわち転輪聖王は七つの宝を持っているという。一つは金輪宝――金の輪の宝で、これは転輪聖王の象徴である。第二は、白象の宝で、白象を持っている。第三は紺色の馬で、赤いたてがみと七宝のひづめを持った馬。第四は不思議な宝石で、その光明は宝を雨と降らし、人々の願いをかなえてくれる。第五は玉のような女性の宝で、顔かたちは美しく膚はやわらかく、骨が感じられない美形である。第六は大蔵大臣という宝で、その口からは宝を吐き、足の下には宝を雨と降らし、両手からも宝を出す。第七は将軍という宝で、身を動かすときには四種の兵が雲のごとく空から出現する力を持つ。こうした社会体制を持つ理想的な世界が描かれている。

さらに、このシャンカ王は千人の子どもを持っていて、その子らはいずれも勇敢で向かうところに敵がないという。そしてそれからいよいよ弥勒菩薩が出現してくる。要するにそのプロセスは非常にまだるっこしいのだけれども、転輪聖王という俗界の王が支配し、世界が平定された後に、ケートマティの都にスブラフマンとよばれる大婆羅門がいて、その妻ブラフマンバーティは、心のやさしい女性であった。マイトレーヤ（弥勒）はこのとき兜率天から下り、この二人を両親として現世に生まれるとされている。だから、弥勒は突如現われるのではない。まず、婆羅門の学者とその妻との間の子どもとしてマイトレーヤ（これはサンスクリット語で弥勒の意）が出現する。人間のおなかの中に入って、現われてくると説いている。

弥勒誕生

弥勒誕生のときは、大光明を発し、汚れに染まらず、身は紫金色で、三十二の大人相を備え、宝の蓮華に座り、その姿を人々はいつまで見ても見あきないという。身の力も限りなく強く、一本の指先の力はすべての竜や象にも優るという超能力を示す。不思議な光明が毛穴から発しており、それはあらゆるものを通して輝きわたる。日や月や星や、あらゆる火や水や玉の光もそれに比べれば塵にすぎないであろうという。すなわち、ここに聖なるものの異常出誕のモチーフが示されている。

このような姿で生まれてきたマイトレーヤは、世の中の欲望から生ずる不幸をよく観察しており、ついに在家の生活をたのしまなくなる。家にあってはあたかも牢獄の中にあるような思いをする。そういうように現世を否定する形でマイトレーヤが出現してくるのである。

ここで、マイトレーヤという聖なる王は、明らかにシャンカ王という俗界の王と対比されることに気づく。この両者の関係が次に描かれる。このマイトレーヤはいよいよ出家をするが、出家をするときにシャンカ転輪聖王は多くの大臣や家来を連れて、さきほどあげた七つの宝を持参して、弥勒＝マイトレーヤに献上するという。これが、聖なる王である弥勒が弥勒の世界をつくり上げる際のひとつのセレモニーとして存在している。俗界を支配したシャンカ王がその俗的な権力をすべてマイトレーヤに差し出すことによって、はじめてこの世の弥勒による衆生救済が成功すると説いているわけである。

これをみてもわかるように、五十六億七千万年後に至るまで、現時点から徐々に、しかも少しずつ変化してゆくという構成がとられている。この世が一挙に皆滅して新しい世界になるという説き方ではない点に気づかされる。いわば次第次第にある遠い未来のかなたの方向へそれが確実な形をとって現われてゆく。そして終局の段階が、『弥勒下生経』に事細かに描かれている。だから、この世界に到達する道についてはとくに指示はされてない。ただ兜率天から弥勒仏が降りてくる、その地上の世界というのは、その時点でどういう世界であるかという点について、それは破滅した世界ではなくて、支配とか秩序がよく整った理想的な世界にされている。その後にマイトレーヤが現われて、弥勒による救済がなされるという説き方をしている。

いささか長文になったが、以上が『弥勒下生経』とよばれるものの骨子である。

『弥勒上生経』

問題は、鳩摩羅什《くまらじゅう》がこの『弥勒下生経』を中国語に翻訳して、中国に伝播させ、さらに日本に入ってくるわけであるが、日本に入ってきてどういう形の変化を示しているのかという点であった。日本の場合には、冒頭で述べたように、農業神＝稲の神に結びついて民間に浸透しているわけであるから、明らかに日本の民俗宗教として弥勒信仰が一つの変容をとげていることが明確であるといえる。

ところで『弥勒経』を考える上にはもう一つ問題がある。松本文三郎氏も指摘しているが、『弥勒下生経』のほかに『弥勒上生経《じょうしょう》』があることである。この『弥勒上生経』というのは『弥勒下生経』とはやや趣を変えているけれども、いずれにせよ『上生経』と『下生経』という両方が説かれている点に興味が湧いてくる。『弥勒上生経』は弥勒が再来するのではなくて、兜率天に往生することを説く。したがって、兜率天から弥勒が下に降りてくるのか、あるいは兜率天に上がるのか、この点に大きな違いが生じてくるといえる。この上生するという考え方がどの時点でできあがってきたのか。つまり、弥勒の兜率天というものがあって、その兜率天の世界に上がってゆくという考え方であるがそれについてはいろいろな説がある。

たとえば、下生だと弥勒が出てくるまで人はじっと待っている姿勢になるだろう。そうすると、待ちくたびれてしまって上生しようとする考え方になるのか。あるいは弥勒の兜率天に行くことを目的としていたけれども、うまくゆかないから弥勒が下生してくることを待つのだと説くようになったのか。どちらが先か後かという点に考え方の差異が求められよう。

つまり、「上生」という言い方は明らかに〝往生〟という考え方である。往生は人間のほうで浄土へ行くことを希望するわけである。ところが「下生」のほうは、人間の世界が浄土のレベルへと変化していって、すばらしいユートピアになると考える。上生のほうは、一生懸命努力をした結果、ようやく兜率天に往生する。それによって弥勒菩薩のすぐ近くに住みつくことができるという理解のしかたで生まれているといえる。

そこで、この二つの経典を比較してみると、『上生経』と『下生経』では、叙述の仕方からいうと『下生経』のほうがはるかに豪壮、雄大な世界として描かれていることがわかる。それに対して『上生経』のほうは、あまり明確なイメージがない描き方だと指摘されている。したがって、『上生経』のほうが『下生経』の後に生まれてきたのではなかろうかと推察されている。

阿弥陀浄土との関連

従来の仏教学の研究成果をみるとこの弥勒浄土に対する信仰は、極楽とは違った未来のひとつのユートピアを描いていることで知られている。そこで問題は、もう一つの浄土であった阿弥陀浄土との関係である。つまり、阿弥陀浄土は先ほど説明したような極楽であるが、それと弥勒浄土を比べると描写の仕方はほとんど変わりがないとされている。弥勒浄土の兜率天と阿弥陀浄土の極楽というものはほとんど変わりないのであろうか。

仏教学の上では、要するに弥勒浄土と阿弥陀浄土というものが、同時的にできあがったのか、どちらかがどちらかに影響を与えているのか、その辺がはっきりしていないが、どうも漠然と同じもののように見ていた節もある。特にこれは、中国仏教の中での受け止め方をみると中国仏教史の上で、六世紀から七世紀にかけて浄土教の教学が大成した。つまり、それは浄土に関する経典を鳩摩羅什が翻訳して以後の段階である。

その中では、たとえば道綽《どうしゃく》とか善導《ぜんどう》（いずれも六世紀から七世紀にかけての僧）といった浄土教の学僧が出て、阿弥陀信仰、つまり極楽浄土について哲学的な構想をつくりあげたといわれている。この時点——六世紀から七世紀にかけての時期に、阿弥陀信仰というものが優勢であったことが知られている。そして、弥勒信仰はたぶんそのあと、つまり七世紀の後半の段階で、玄奘《げんじょう》（六〇〇〜六六四年）が兜率天の信仰を説き、兜率天というものを盛んに強調したのである。

この兜率天は、前述のように阿弥陀浄土とほとんど変わりないものであった。したがって、どちらが優勢でどちらが劣勢かなどということは言えない。ただ極楽浄土の阿弥陀信仰が中国では先にあり、その後、玄奘が弥勒浄土の兜率天を別に設定して描写したということだけは言える。

阿弥陀浄土と弥勒浄土との比較ということがこの時期にもやはり云々されていた。たとえば、弥勒浄土のほうには男と女がいる。ところが阿弥陀浄土のほうは男だけであるという違いがあるという。それから兜率天では子どもが父と母のひざの上に生まれる。ところが極楽では蓮華の中に生まれるという。こういう表現の違いがあるので、どっちが良いか悪いかというような議論が七世紀のころにある。大体がどうも阿弥陀浄土の優勢を説こうとしているらしい。これは要するに浄土教の強い主張であるが、ここで決定的な違いとなったのは、兜率天はいわば天国に当たるということだった。天の上＝宇宙空間の彼方にあると説く。それに対して阿弥陀浄土は方角からいうと西方浄土ということで、天の上ではない。同じ地上空間の一番のはずれ、西の彼方につくられているという考え方がある。つまり、垂直思考か水平思考かという違いが認められる。

二つの他界

したがって、こういうものの考え方の相違で、一つの民族の中で二つの他界というものを想定することが、中国民族の中にもあったといえる。日本の場合にもそれは当てはまるのではなかろうか。たとえば、海の彼方にユートピアを想定する場合と山の上に想定するという二とおりの考え方があって、両者のコンプレックスが当然予測される。中国の場合にも当然この二つ、すなわち阿弥陀浄土と弥勒浄土の比較というものがあるわけであるが、やはり、そのどちらが後か先かという問題よりも、共時性を伴っていたと考えてよいのではないか。文献の上では阿弥陀のほうが先だといっているけれども、山の上からさらに天の上の空間の中にそういう他界が存在していると説く者と、海の向こうにあると説く者が同時にありえると考えてもよいのではなかろうか。海の見える地域に定着している人は海の向こうを想定するし、山間にいる人々はやはり天のほうしか見えないわけだから、そちらを想定する。現実の地上世界とは別の世界を想定するときに、海の向こうと山の上とは自然にでてくる考え方といえる。

したがって、中国仏教において道綽とか善導が阿弥陀浄土で玄奘が弥勒浄土だと言っても、その説くポイントの置き方に食い違いがあるだけであって、優劣ということは言えないだろう。しかし、仏教学の上ではこの優劣をきめようとする論争が起こってきたということである。

中国仏教の中で、このように設定された阿弥陀浄土と弥勒浄土の違いと、先述した『弥勒経』の中にある上生と下生の違い。この二点が仏教学の問題として残されているわけである。しかし上生と下生の場合、もう一度繰り返すと、往生して弥勒の兜率天に行こうという考え方と、往生しないでじっと待っていて、弥勒が出てくるのを待とうとする考え方と、これはどちらが優れてどちらが劣っているとはいえないわけである。

日本の上生信仰

中宮寺や広隆寺には弥勒半跏思惟《はんかしい》像がある。その姿は半跏の坐像で思惟をしているという格好である。これはひたすら待っている姿勢であるから、ずっと「弥勒の世」がくるまで待とうという考え方の表われといってよいだろう。これが往生思想の場合だと、もうひとつ別な世界へ行かなければならないから、特別な手段が必要になる。一生懸命善行や功徳を積んで兜率天に往生したいとする。たとえば、関白道長が経塚《きょうづか》をつくって、お経を埋め、善根・功徳を積もうとした。死んだら弥勒浄土へ行きたいと希求する一方、阿弥陀浄土も優勢になっているから、弥勒浄土にもう一度生まれ変わろうという意識もあったのであろうけれども、往生しようという発想は阿弥陀浄土のほうに強力になっているといえる。弥勒信仰の特徴はむしろ弥勒下生の信仰のほうにあるといえる。それが後述するように貴族社会からはなれて民間の中に染みこみ弥勒がこの世に現われるという考えは、繰り返し日本社会の中に現われてくる形態をとることになったと思われる。

仏教伝来と弥勒

日本の場合には、ひとつは仏教伝来という歴史的な契機があった。六世紀あたりから七世紀、八世紀を経て仏教がくり返し日本の中に入ってきたことは明らかである。

弥勒の初見記事で、有名な『日本書紀』巻二十、敏達《びたつ》天皇十三年。これは五八四年である。百済から弥勒の石像一体が渡ってきた。弥勒の石像は蘇我馬子の屋敷の一角に安置された。つまり、弥勒信仰は初期の段階ですでに日本に入ってきたということである。そして、それ以後兜率天――弥勒浄土が、初期段階でかなり有力視されていたという日本仏教史上の事実がある。

しかし、これはただそこまでの説明であって、それ以上のことはわからないのである。弥勒仏が本当に上生信仰や下生信仰を伴っていたのかどうかということは不明である。ただ六世紀の段階に弥勒仏が日本古代の貴族社会にどのように位置づけられていたかという点は、きわめてはっきりしている。

メシアニズムとの関連

当時の社会情勢の中でかりにメシアニズムがあったとすれば、日本に入ってきた仏教はそれと結びついて、当然何らかの宗教現象が日本の社会の中であったに違いないと思われるが、それがどうもはっきりしていない。蘇我馬子の家の屋敷の一角に祀られていて、比丘尼《びくに》たちが礼拝していたと書いてあるわけであるから、女僧が弥勒仏の石仏を拝んでいたことになる。それは一体何を意味するのか。単なる石仏として礼拝していたけれども、桜井徳太郎氏が初期仏教と尼法師の関連について指摘しているように、はたして思想が伴っていたのかどうかという点はほとんどわからない。

古代の宗教社会を考える場合に、こうした問題とからんで注目されるのは、行基《ぎょうき》の存在である。行基の記事は『続日本紀《しょくにほんぎ》』に表われているが、要するに、小僧行基が弟子たちを連れて町の中でしきりに妖言を唱えている、という点が問題となった。すなわち、「百姓《ひゃくせい》を妖惑す」と書かれていた。特に指とか皮膚を剝いでみたり、何か独特な宗教的な行動をするという。いわば狂気の行動であるというわけである。

大勢の民衆を集めて、「罪福の因果を巧説し（中略）聚宿を常と為し、妖訛群を成せり。初めは脩道に似て終には姧乱を挟む」とある。これは『続日本紀』養老六年七月の条文であるが、当時明らかに社会不安が起こっており、小僧行基が巡歴の僧としてあちこち歩きながら、支配者側からみると惑わしているということを意味する。逆に、そういう行基が出現して、さまざまな奇蹟をするということを人々が期待していたという点に問題がある。

こういう中で、弥勒下生信仰はまだはっきり位置づけられていないのである。弥勒下生についてはハ世紀の末に最澄がこう書いている。

「ゆうゆうたる三界は、もっぱら苦にして安きことなく、じょうじょうたる四生はただ患いにしてたのしからざるなり。牟尼の日は久しく隠れて、慈尊の月いまだ照らさず」。ここに「慈尊の月いまだ照らさず」という意味が弥勒信仰のひとつの表われである。慈尊は弥勒仏の別称である。つまり、まだ弥勒仏が現われてきていない。だからこの世の中が安らかになっていない。社会不安が満ちているその時点に、弥勒菩薩が現われていないことを最澄は歎いている。

「三災――刀兵の災、疾疫の災、飢饉の災、つまり戦争とか病気とか飢饉の災い――のあやうきに近づき、五濁《ごじょく》の深きに没む」。最澄にはこのような終末観があった。「五濁――劫、煩い、衆生、命、見」があって、危険が迫っている。しかし、慈尊の月がいまだ照らさないという終末的な社会、これはちょうど古代社会の末期、行基たちが騒いでいる時期にも民衆のほうで終末意識をもっていたことは推察された。しかし、弥勒下生の表現はなかったのである。そうした考えは、その後、学僧である最澄に代表されるような知識人の中で、「慈尊の月」という未来待望の表現をとっているという点が指摘されよう。

つまり、弥勒下生信仰というものの体系がまず受けとめられたのは、小僧行基のような民衆側のほうに立つ人ではなくて、最澄のような代表的な知識人である学僧の中にあったということが古代社会の弥勒信仰の一つの特徴となって表われているということになる。

第三章　比較宗教論における弥勒

一　弥勒信仰と女性

尼法師と弥勒

天平十九年（七四七）成立の『元興寺縁起《がんごうじえんぎ》幷《ならびに》流記《るき》』の中に、初期仏教の受容のあり方を示す興味深い記事がある。この中で注目されるのは、三人の尼法師が弥勒仏像を祀っている、という記事であった。なぜ注目されるのかと言うと、特別に仏法を学び弥勒仏を祀ったのが、男性の僧侶ではなく女性であったという点である。

繰り返すように、弥勒信仰は、仏教の教理の中でも、大きなユートピアを構想しており、さらにメシアが存在しかつ出現する。救い主というべき弥勒菩薩が現われるということである。初期の日本に渡ってきた段階では、前述のようにこのような世界観をもった弥勒信仰の体系が全て入ってきたかどうかは、明らかではなかった。

先の史料の上では、石の弥勒菩薩像が持ってこられた、と書かれてある。それが三人の尼法師によって祀られていた。その場合、尼法師がどういう役割をしていたのか、ということに関心が向く。

朝鮮半島の中でもやはり弥勒信仰が栄えたが、その際にも弥勒仏を祀っているのはムーダン（巫堂）、シャーマンの存在であった。現在の韓国でも、巫堂であるムーダンと弥勒仏が伝統の上で結びついており、巫堂が神がかりをするときに何らかの形でかかわり合っている。そこにはいろいろな伝説が結びついている。たとえば次のような伝説がある。

処女と弥勒

慶尚北道《けいしょうほくどう》の安東市の郊外に大きな弥勒の石仏がある。その高さは十二・七メートル、幅は九・七メートル、頭の高さが二・四メートル、肩の幅が四・九メートルという。この肩の上に松の木が生えているのである。これは、昔一人の美しい女が酒屋に住みついていた。毎日台所仕事を手伝い、熱心に働いていた。彼女は無口でかつ人情があって、休んでゆく旅人に対してでも大変によくもてなし、お金のない人には、自分の食べるものを分けて食べさせるというほどであった。そして結婚しないままの状態で四十歳ぐらいまで過ごしたというのだが、ある年の三月三日に死んでしまった。そのときは真夜中で、大音響とともに弥勒仏が地面の上に現われたという。

この弥勒仏が現われた場所には、たいへん良質の水もあふれ出ており、そこで、処女のまま死んで弥勒になったこの女性の魂を慰めるために寺院が作られた、といわれている。

この弥勒の石仏の肩に松の木が生えているのだが、その松の木を通して神霊が乗り移るというわば依代《よりしろ》のような役割を持っているわけである。

それから、女人の霊がこのような形で生まれ変わってきて、弥勒の石仏になったという考え方は、どうも弥勒菩薩が、女性の祀り手によって支えられていたのではないかという点、すなわち、司祭者が巫女であったことの痕跡が認められるのである。

女性と弥勒

それはなぜなのだろうか。日本の民間信仰の中では、弥勒の仏像が野仏として、江戸時代の各地に、お地蔵さんとか観音さんと同じように道ばたに祀られたが、やはりその場合女人の信者が多かったのである。弥勒の野仏にはいわゆる子授けの祈願をもって祀られている例は多い。

たとえば群馬県吾妻《あがつま》郡の中之条町に「穴の神さま」という名称で有名になった弥勒仏がある。これは洞窟の中に弥勒の石仏が祀られているのである。「穴の神さま」というのは、耳とか鼻、目、口とともに当然、女陰の穴も含まれている。

そして近くの信者は、女性が嫁入り前に母親と一緒にお参りに行くと、子供がたくさん授かるという民間伝承をもっている。

やはり韓国の民間信仰の中にも、弥勒仏崇拝がたくさんあるが、とりわけ女性の祀り手が加わっていて、子授けの機能をもっている例も多い。

また先の巫者との関連をみると弥勒信仰は、霊魂観とかかわっており、巫者の神がかりをするときに乗り移る霊になりやすい傾向がある。なぜそうなるのだろうかということである。これは、弥勒仏の来臨・再来という、繰り返して起こってくる再生信仰によるのではなかろうか。その場合に女性の巫者の託宣によって、この世に現われるという考えがあったのではないか、と思われる点が示唆されるのである。

二　中国における弥勒信仰

民衆反乱と弥勒

弥勒信仰の日本伝来が、中国、朝鮮を通って来たことを無視するわけにはゆかないだろう。その間、中国の中でいろいろの形に変容した弥勒信仰が、さらに朝鮮半島へ伝播して、やがて日本社会の中に入ってきたということを考慮すべきである。当然中国における弥勒信仰が、いろいろの形で影響を与えているということが予想される。日本の弥勒信仰と絶えず比較されて、注目されるのは、中国の場合には、弥勒信仰が民衆反乱という形をとる。つまり、民衆運動と結びつくケースが多いことである。そして、反乱の際の大きな精神的な軸になっていることは重要である。そういう弥勒信仰が、中国の場合には顕著に現われているといえる。五十六億七千万年後という未来仏である弥勒がこの世に現われてくるという、メシアニズムに基づくものであるのは当然だが、それに伴って現実の世界にユートピアが実現できるということは、中国でさらに拡大して受けとめられていたと考えられる。

また朝鮮におけるムーダンのような神がかりをする存在、女性の託宣を通して現われてくるような場合も、これが一種の予言信仰になり得ることは明らかであろう。

具体的には、弥勒の化身という形、それは、生まれ変わり＝再生という観念に示されている。韓国の事例でも、若い女性が生まれ変わって弥勒仏になったという考え方があったが、自ら弥勒の化身である、というような説き方もする。これに基づいて宗教運動組織ができ上がる事例は多い。

大乗教の乱

この流れを中国仏教史の上からみると、弥勒下生信仰の中に含まれているメシアニズムが、非常にラジカルな形で出ているという特徴がみられるのである。

中国において、弥勒下生信仰が反乱と結びついたのは、六世紀の初めだとされている。まず五一五年の大乗教の乱がそれである。

これは、沙門法慶《さもんほうけい》によって指導された。沙門というのは、北方民族に特有だったシャーマンの意味が含まれており、神がかりして予言をする存在だったと思われる。魔術をよくし、反乱を起こした。当時の中国は、凶作の連続であり、法慶が部下に薬を飲ませて物狂いの状態にさせて、多くの者を暗殺させた。一人殺せば一住《じゅう》菩薩になり、十人殺せば十住菩薩になる、と説いたという。

いわば一種の殺人集団と化していたようである。県令を殺して、寺院を破壊し、僧尼を惨殺するということで、この北魏時代の反乱はかなり長期にわたり、四か月にわたり大激戦を展開したということである。そして、このときの大乗教のスローガンは、法慶が自ら弥勒仏になったとはっきりいっていないが新しい仏、新仏の出現を説いているのである。新仏である沙門法慶がこの世に現われて、旧来の支配者や僧侶たち一切を取り除く。そして理想国土を実現するということが反乱の軸となっていたのであった（谷川道雄、森正夫編『中国民衆叛乱史』1、一四六〜一四九頁）。

この場合、「弥勒」という名前は直接にはないといわれているけれども、「新仏が出現する」という言い方をした最初であることは間違いない。

弥勒下生とシャーマン

隋末の宗教運動の一つに、沙門向海明《さもんこうかいめい》を中心とする反乱があった。向海明は、大業九年（六一三）に立って、自ら皇帝となり、かつ弥勒仏の転生を称した。我を信ずれば吉兆の夢を得て財運を獲得できると布教した。これが中国における最初の弥勒仏下生と見なされている。やはり沙門ということは、ここにも弥勒下生とシャーマニズムが結びつく要素を示している。

弥勒仏下生の予言は、向海明の登場する前後にかなり行なわれていたことが知られている。向海明の弥勒仏下生以前の六一〇年正月元旦、数十人の弥勒仏信者の集団が、青冠と白衣をつけて都の宮殿に押し入って、香を焚き花を捧げ、弥勒仏下生を予言したという。また宋之賢なる者、幻術に長じ、毎夜楼上に燈明をつけ、それを廻して仏の形にさせ、弥勒仏が出世したと告げたという（鈴木中正『中国史における革命と宗教』四三頁）。

唐代になって、則天武后の反乱があった。これは武周革命といわれる。則天武后が権力を掌握するために、親族を端から殺害していったわけであるが、やがて女性の身で自ら皇位についた。その折、やはり、「則天は是れ弥勒の下生なり」と弥勒下生、弥勒の生まれ変わりを称していたことが知られる。

末法と弥勒

中国において、弥勒仏の出世が五十六億七千万年後という教理を無視して、今ここに弥勒下生をみたという信仰体系ができ上がっていることについて、前記鈴木氏は、仏滅後の時間を正法、像法、末法の三時代に区分する仏教の時間論と、弥勒仏出世に至る無限大の時間の間に生まれた、劫の思想によったと指摘している（前掲書、六〇頁）。

すなわち、仏滅後二千二百年にして末法の段階に入り、悪事横行する時代になった。さらに三千百年後に、飢饉、旱魃《かんばつ》が起こってきて食物が一切消滅するが、一人の人が福徳ある男女一万人を集め、ふたたび人類は復活する。それから四千百年後、疾疫災が起こって、人々は病死して葬う者もない状態となるが、やがて人間は蘇生する。さらにもう一度戦争の災いが起こり、そのときはいよいよ仏法は衰え滅亡に瀕しながら、人間は辛うじて危機をさけ、それから次第に状態がよくなり、人寿十歳という滅亡寸前の時とくらべて、さらに人寿は二百四十九歳に達し、その段階で末法の期間は終了する。その後釈迦の教法は滅び、つづいて弥勒仏出現の時がくる。

こうした終末と再生の繰り返しは、最終的には釈迦在世の原初のユートピアを志向するものだが、未来仏弥勒がそれを可能にしてくれるのである。ただその前提として、末法の期間をくぐり抜けなければならない。繰り返し起こる戦乱、飢饉、自然災害の累積があって、それを切り抜けてやっと弥勒下生仏の世界にたどりつくのである。

中国仏教の中の正・像・末の区分は、釈迦仏滅後の世界観を、通時的にとらえる構想であり、その際、末法の時代をどこに設定するかが大きな問題となった。一方に五十六億七千万年後の出現があるわけであるから、それをさらに現実性を帯びて解釈あるいは翻案する必要が生まれたのであろう。鈴木氏は、仏教時間論における劫の分類法と、正・像・末の分類法が合体した思考法だと指摘している（前掲書、六二〜六三頁）。

元末の段階で、白蓮教の乱は著名な事実だが、この中に弥勒仏下生の痕跡を数多く認めることができる。そこには「天下大乱弥勒仏下生」のスローガンがかかげられているのである。

こうした動乱期に現われた弥勒仏の性格は、すさまじい破壊者として存在している点が特徴であった。『草木子《そうもくし》』巻四の「弥勒は何たる神か禍胎を孕む」という表現が、その点をよく示している。慈悲の仏であり、革命の後ユートピアを支配する弥勒が、なぜ破壊をもたらすのかという点が一つの問題であろう。

転輪聖王と弥勒

前出『弥勒経』で描かれる弥勒仏は、聖なる世界の教主であり、他方、俗的な権力の持主は、転輪聖王であった。この両者は、まず転輪聖王が出現して、その後弥勒仏となる。つまり弥勒仏の単独出世ではないのである。そして転輪聖王は俗的支配者である故に軍事力を具備し、敵を軍事的に征服する力をもっている。

前記鈴木氏は、転輪聖王は正義と秩序を維持する理想的君主像に擬せられ、実際、自らそれに代置される君主が出現したが、これはしょせん既成の権力維持の体制内における理想像なのであって、反体制、革命の側の理想とはなりにくかった、と指摘している。だから既存の権力を否定する破壊者は、転輪聖王のイメージから生ぜず、結局はその後の弥勒下生信仰に仮託されることになったという。

明代の白蓮教の長期にわたる反乱運動によって、弥勒仏転世の確認が繰り返し行なわれ、これは中国の広い地域にわたって浸透していったのである。

宝巻の中の弥勒

円頓教《えんどんきょう》または白陽教は『竜華経《りゅうげ》』を経典とし、この『竜華経』は、明らかに弥勒下生の竜華三会《さんえ》に値遇することを目的とするものであったが、その内容については、竜華会の具体性が乏しくなり、神秘性を帯びることになっている。鈴木氏は、この点を「民間信仰のレベルでは、思考が未来理想出現の方向に深化されないで、神秘的幻想化の方向に逆転している」

と述べている（前掲書、二二四頁）。

この神秘化は、それを説く教祖の権威づけに役立つものであり、こうした宝巻《ほうかん》類が、明清末に数多く成立している点は注目されるであろう。この場合に民間信仰として存在する弥勒下生は、明らかに中国のそれぞれの土着性の強い民俗宗教の要素を内包しているのであり、社会不安の世相を反映して、複雑にして神秘性を帯びる形態となることは推察されるのである。

清代の羅教にもまた弥勒下生信仰がみられたが、明代ほど激しいものではなかった。弥勒仏の名称はあっても、反乱は少ない傾向にあると思う。たとえば弥勒仏の化身が人々に持斎《じさい》修行を勧め、毎月一日と十五日に礼仏誦経《らいぶつずきょう》をさせるといった儀礼中心の弥勒教がみられる。これはむしろ弥勒上生信仰のほうが表面立ったためであると解されている。

弥勒仏＝メシアを軸とする反乱運動が世紀末的な現象として出てくること。そしてこの世界が終わることが明らかとなる。たとえば隋末とか、唐末、明末、清末と時代が終わる段階に現われてくるという点、これを日本の宗教社会史のあり方と比べてみると、かならず指摘されるのは、日本にはこのようなラジカルな形での反乱運動が見当たらないということであった。

日本の古代社会における行基の出現などは、あるいはメシアニズムの発現とみられないことはない。おそらくある種の神がかり的な行動をしたことは推察される。妖言をもって衆を惑わす行為として記録されているが、行基自らが弥勒仏であるという表現はとっていないのである。

ところで朝鮮半島の動向をみると、やはり弥勒仏信仰にはかなりの特徴が出ている。

三　朝鮮半島の弥勒信仰

花郎と弥勒

それは何かと言うと、ひとつは花郎《かろう》と弥勒の関係であった。これについては三品彰英氏の古典的研究がある（『新羅花郎の研究』）。それによると花郎は成年式を経た青年集団であり、野山で神霊と交わり呪的儀礼を行ない、国家有事に際して国難に赴く青年戦士団であった。この花郎の中に、弥勒仏の生まれ代わりを称する存在があったことが注目されるのである。たとえば花郎未尸郎が弥勒の化身であったり、花郎竹旨郎が弥勒尊の再来だとする伝説は『三国遺事』に記されている。

未尸郎の話は、興輪寺の僧真慈が弥勒仏の前で「花郎が弥勒となるよう」と祈ったところ、夢に託言あり、それによって探し求められたという。それが「此弥勒仙花也」である。弥勒が小童となって樹下に現われたのであった。三品氏は、樹下に神童が出現するというモチーフがそこにあることを指摘している。

花郎と弥勒との関係は、『三国遺事』巻一（『三国史記』巻四一）・金庾信《キムユシン》条に「金庾信が十五歳で花郎となり、時人が彼を弥勒と崇めた」とある。そして金庾信の下に竜華香徒というべき弥勒祭祀集団の存在があった。さらに三品氏は、花郎の呪的指導者が山中に入って苦行をなし、のちに神人の啓示を得て、怨敵を破る秘術を学ぶ宗教行動を行なったが、これをイニシエーションと結びつけて説明している。すなわち山野跋渉の最中に交流し合う神霊が、仏教伝来以後弥勒仏に変わったと指摘している。つまり弥勒は花郎の守護霊であった。弥勒を祀りこめる呪歌は数多くあった。これを郷歌といっている。『三国遺事』巻五・月明師兜率歌条はそれをよく示している。すなわち、「新羅景徳王十九年庚子四月朔」に、二つの太陽が並んで現われる異常な状態がみられた。そこで、この異変をとり除くために、月明師が国仙之徒に、郷歌をうたわせるが、その際郷歌として、月明師が兜率歌を作りうたわせたところ、たちどころに怪しげな日は滅したという。この場合月明師が花郎にうたわせた兜率歌というのは、明らかに弥勒と関連があ

釜山市影島の弥勒

ったのである。

三品説ではこの問題をシャーマニズムと関連させて考えているのである。花郎が呪文に満ちた兜率歌をうたうことによって、一種神がかりになったことを予測しているからである。花郎がシャーマンであったかどうかは、にわかに判断しにくいが、興味ある示唆であろう。たしかに花郎が山野を跋渉し、歌舞する場所が、しばしば断崖絶壁の洞窟であったというこ と、そこで弥勒仏を祀ったらしいことは、神霊との交渉を物語るものではある。きわ立って宗教性を帯びた花郎が、国家多難の折に出陣して敵をたおし、国家を救済する役割を別に持っていたことは、古代新羅に限定された資料ではあるが、弥勒下生信仰の発現の仕方の一つとして興味深いひとつの特徴といえよう。朝鮮の仏教史の上でみると、中国からの弥勒信仰を受けとめて、北魏の時代に朝鮮にも入ってきた。そして、中国とほぼ変わらない形の弥勒信仰がもたらされていたと考えられる。

しかし、朝鮮弥勒仏の特徴というのは、要するに花郎なのである。ある年齢に達すると、若者たちが制度的に一つの集団員となって、山野を跋渉して呪術的な力を身につけるのである。それは一種の成人戒だと思われる。同時に武力を蓄えるものと解され、戦士集団の役もになわされている。興味深いのは、若者集団のリーダーは女性であり、絶世の美女二人が若者たちを指導するという古形が認められていることである。

しかし、これが結局は、二人の女性同士の争いに展開してしまったという。二人の女人がいると、どうしても権力を争うことになる。いろいろトラブルが起こってきて、お互いに殺し合いを始めたわけである。結局それが原因で女性リーダーを廃止し、女に勝るとも劣らない美貌の男性をもって代行させる形にした。そこから花郎のリーダーは、美少年となり、彼を中心にして集結するということになったといわれている。

ところで、花郎集団は一体どのような役割を果たしたのか。その最大の役割は、外敵が攻め入ってきたときに花郎が集結してそれに対抗するという事例であった。

国事多難の際に、集団となって外敵に相対するという花郎の中に、また、数多くの弥勒の生まれ変わりと称するものが存在していたのである。美少年の中には弥勒の生まれ変わり、化身だと称される者が幾人かいたらしい。

先にも触れたように『三国遺事』の中には、「弥勒仏がこの小童になって現われてくる」という記事が出てきている。

弥勒がそういう形をとって現われてくるのはなぜか、ということになるが、これは弥勒がこの花郎の守護霊であったと推察されているからである。だから国家の危機に際して、その守護霊が花郎の肉体を通して、出現してくるという意識が見受けられるのである。このような問題は、シャーマニズムの問題に属する。ちょうど中国仏教の中にも沙門向海明とか、沙門何某という一種のシャーマン、独特な力を持って神秘的な領域とかかわるようなリーダーが存在しており、それを中心にして反乱を起こすという形をとったように、古代朝鮮の場合には、若者が制度的にその中に取り込まれているという点が明らかにされている。

花郎のさまざまな民俗を研究すると興味深いものがある。朝鮮の歴代の古王が、花郎集団に十五歳ぐらいから入ってきていることなど注目される。その中で修練を積み、弥勒の化身となったりする。やがて王となり、国家の守護にあたるという形をとる。歴代の王がこの中から現われてきている。

かれらには、トレーニングする期間というのがあって、花郎として一定の期間、集団となって山の中や野の中を歩きまわり、先述のように歌をうたい弥勒を祀っていたということが予想される。注目されるのは、花郎は国家の秩序を維持する体制側の存在であることである。民衆の反乱を鎮圧する際とか、国家の危機に際して、弥勒下生を名乗るという形が顕著なのであった。先述のように、中国の場合にはその逆なのである。中国では、民衆が反乱を起こす場合、反乱を起こす側で弥勒下生を名乗るというケースの方が多い。古代朝鮮の場合は、弥勒仏は支配者側の花郎集団の中に出現したのであるが、王権の力が弱まってくると、逆に一般民衆の中から弥勒下生を名乗る者が現われて、反乱を起こすという形がやがて次々に展開する。やはり古代朝鮮における弓裔《きゅうえい》の乱がその一つである。これはだいたい九世紀の末であった。

花郎集団の中から弓裔を名乗る人物が出て、それが弥勒の化身であることを主張して権力に対し反乱を起こしたのである。

このようにみると、古代の中国や朝鮮の弥勒信仰のあり方と比較して、日本の場合には、繰り返すように、弥勒仏の化身であるということを称する存在はどうも明確なものではない。前述したような三人の尼法師が祀ったという弥勒仏の信仰は蘇我馬子（?～六二六年）

が自分の屋敷の一角に弥勒像を祀ったという場合があるにしても、その目的はどうもはっきりしていない。あるいは蘇我馬子の場合、彼が病気を治すために祀っていたのかもしれない。いわば、素朴な現世利益信仰である。病気が流行して大勢の人々が死んだ。そこで仏像を礼拝するということはごく一般的であったのである。蘇我氏と対立する物部氏は、病気がはやったり、疫病が起こるのは蘇我氏が仏教を受け入れて、弥勒仏を祀っているためだ、として仏教を否定したりしている。

不幸とか災難が来たときに、それを防ぐための呪術的な役割としてしか、蘇我氏をはじめ豪族たちが仏教を受け止めていないない点が明らかなのである。

四　日本の弥勒信仰

日本古代の弥勒

そこで日本古代の弥勒信仰の一連の流れの中で、弥勒仏がやがて出現するであろうという意識がはたしてどの程度であったのか、ということがひとつの問題となる。民衆の中に「弥勒が出現する」ことを期待するという意識が蓄積されていない限り、弥勒仏の出世、あるいは、弥勒の化身というものを標榜して反乱が起こるというケースは出てこないことも自明であろう。

柴の上の弥勒

日本古代の民衆の様相を知るデータが非常に少ないために、当時民衆がどういう受け止め方をしていたのか、ということが明らかでない。ただ『日本霊異記』や『今昔物語集』などを見ると、わずかではあるが弥勒信仰の一つのあり方が窺えるデータがある。

これは『日本霊異記』巻下の八の中に出てくるもので、近江国の坂田郡遠江に富んだ人がいた。彼は、一生懸命に『瑜伽論《ゆがろん》』の写経をしていた。しかし次第に家財もなくなり、生活にも困るようになったが、なお書写に励み、ついには妻子を捨てて家を離れ、山寺に入って日々を過ごしていた。ところが天平神護二年（七六六）、山寺に滞在していたところ、柴の枝の上に弥勒菩薩の像が忽然と姿を現わした、という。

人々はその伝えを聞いて、その像に参拝に集まってきたというのである。

この記事の趣旨は弥勒は兜率天部に在って、現世に住んでいる人が素朴な願いをすれば、必ず奇蹟を現わして、苦悩に満ちた人間界の中に出現してくる、という内容である。さらに興味深いのは、弥勒の出現のしかたが、柴の枝の上に現われたということである。神霊が樹木を通して出現してくる例は、御神木の依代《よりしろ》の場合にも示されよう。前述の韓国の事例でも、松の木の枝を通して弥勒が再現してくるという考え方が表われていた。

日本の場合、シャーマンを通して、つまり神がかりのような形で弥勒が現われてくるというケースは少ないが、たまたま聖となった男が『瑜伽論』を一生懸命に写経して、願いごとをしているときに、柴の枝を通して出現したということを物語っている。

この柴に注意すると、旅をするときに柴の小枝を道端に挿し、峠の神に安全を祈る柴挿しの民俗があった。この場合にも、当時の民間の樹木崇拝ともかかわっていることが、うかがえる。

泣き弥勒

次の話も『日本霊異記』（下の二八）に記されたものである。

紀伊国名草郡貴志里《きしのさと》に、村人の私寺があり、そこに一人の優婆塞《うばそく》が住んでいた。あるとき、寺内でうめき声が聞こえてくる。病人が参宿したのかと思って見まわったけれど、誰もいない。たまたま塔を建てるための木材が置いてあったので、あるいは塔の霊かと疑ったが、分からぬままそのうめきは一晩中続いた。翌朝、堂内を見ると、本尊の弥勒の像の頸が、たくさんの蟻によってかみくだかれ、落ちていたのであった。

これと同様な話（『日本霊異記』下の一七）では、紀伊国那賀郡弥気《みけ》に、慈氏禅定堂《じしぜんじょうどう》があり、その堂には、未完成の弥勒菩薩の脇士の像二体があった。修行僧信行は、未完のままで折れかけた像の腕をみて、糸でしばりつけておいたが、宝亀二年（七七一）秋七月の夜、本堂の中から痛がるうめき声を聞いたので、翌朝調べてみると、声を出したのは、その脇士の弥勒像であったという。

これと類する話は、京の葛木尼寺《かつらぎにじ》前の墓場で泣声が聞こえるので、かけつけてみると、盗人が弥勒像を盗み出し、石で打ちこわしていたという話にもあるように、弥勒菩薩を擬人化して声を発したり、痛がったりすることを記し、その霊験もすこぶる現世利益的に解釈している。これは、明らかに当時の民衆の思考様式にもとづくものである。ただし、これは弥勒に限らず、観音・地蔵・文珠・阿弥陀の各菩薩に対しても、同様のモチーフで語られているものである。

民間社会において、これらの説話に出てくる弥勒仏が安置されている寺は、一道場または私之堂等と表現され、村人が結縁して私に作った寺を意味している。そして、これをまた「慈氏禅定堂」ともいった。すなわち、弥勒がこの世に出現するのを待つ堂の意である。こうした日本古代の状況とほぼ同じ時期の、中国・朝鮮の状況を比べてみると、明らかに大きな違いがはっきりしている。すなわち、日本には、弥勒を軸とする宗教運動としての反権力的な構想と行動を伴った弥勒信仰が、明確ではないということである。むしろ、個人的な現世利益と結びついているほうが強い。しかし、兜率天に弥勒が在って、この世に現われてくるであろうという考え方をもっていることは、中国、朝鮮、日本にそれぞれ共通しているといえよう。日本の場合には、その現われ方が、権力との対立抗争と一切結びついていないということが顕著であるといえる。

最澄と弥勒

日本の場合、民間社会に弥勒信仰自体が充分に浸透していないということも、一つの条件としてあったと思われる。これが次第に民間のほうへ入ってゆくには、実は一つの契機が介在している。すなわち、弥勒下生を説く宗教者の集団の存在が不可欠であろう。これはまず、天台宗と真言宗の二大教団によるものであった。九世紀の初め、最澄と空海が唐からもどってきて、救済仏教という形を弘めていった。学問的仏教ではない個人の次元での一つの心願、願いを中心とする教理を弘めていったところに、かれらによる弥勒信仰がより広範囲に伝わる一つの契機があった。最澄の場合は、それまで弥勒信仰を重んじた法相宗《ほっそう》を激しく批判したことで有名であるが、弥勒信仰そのものには深い関心をもっていたことは知られている。

空海と弥勒

この最澄の空海に対する書簡に、やはり竜華三会の時を盛んに説く文章があったことが知られている。前章でも、最澄の弥勒下生願望の趣はうかがえるであろう。客観的にみても、最澄よりも空海のほうがより強く弥勒信仰を説き、民間の宗教社会に影響を与えているといえよう。

空海の『三教指帰《さんごうしいき》』の中にもその点が書かれている。釈迦の印璽《いんじ》を受けた弥勒菩薩がやがてこの世に現われてくるから、自分もその準備をしなければならない、という表現をしている。その場合「私は旅仕度をして、昼も夜も兜率天への道をいそぐ」といった内容から判断すると、空海個人には弥勒下生よりも弥勒上生、弥勒の兜率天に生まれ変わろうという意識があったのではないか、といわれている。

ところが、空海は高野山に入定《にゅうじょう》したという信仰が後世定着した。すなわち空海が留身入定＝ミイラと化しているという信仰である。入定ミイラは一種の自殺行為であるが、弥勒出世まで生身をとどめる形になると信じられた。これを空海が行なったということなのである。

中世に教団が確立し、教祖に対する、いわゆる祖師信仰というものが発達すると、弘法大師の入定信仰が非常に弘まっていくことになった。

空虚なる墓

これはいわば、キリスト教における「空虚なる墓」の伝説と同様の構造を示している。イエス・キリストが、いったん死んで再生し、墓を空っぽにして放浪の旅に出ている。これは再臨信仰である。同じように、空海も、いったん死んでから墓を空虚にして各地を巡歴している、という考え方が成立してくる。

この空海の入定というのは、実は資料的には充分にとらえられてはいないのであって、伝説上「体は崩れないで、生けるが如く、端坐している」というように伝えられている。実際には荼毘に付せられたことになっているはずである。いずれにせよ、歴史的事実としては承和二年（八三五）三月二十一日に空海は入寂したといわれている。その後、入定信仰のほうはもっぱら民衆の間に弘まった信仰といえる。

高野山奥の院

悪魔と弥勒

有名な耶蘇《やそ》会士《かいし》の書翰類をみると、たとえば永禄四年（一五六一）八月十七日付け、堺発パードレ・ガスパル・ビレラの書翰であるが、「コンボーダーシ〔弘法大師〕と称へたる一人の坊主に欺かるる事多大なり」として、布教が在地の大師信仰に妨げられている点を明らかにしている。さらに、

> 悪魔の化身、即ち肉体を取りたる者の如く、（中略）又多数の壮麗なる寺院を建築し、甚だ老いたる時、地下に穴、即ち家を造らしめ、自ら内に入り、既早此世に在るを欲せず、然れども死するに非ず、休息するものにして、一億年の後、日本に大学者出づべく、其時再び此世に出現すべしと云ひ、其穴を被はしめて、其処に留り、爾来八百年なり。庶民は坊主を大に

崇敬し、今尚ほ生存し、多数の人に現はると信じ、毎日彼に祈り、其穴に入りたる日、参拝する者無数なり。

と記している。つまり一六世紀の中葉ごろ、外国人が日本の庶民信仰の中に、キリシタンを弘めようとしたとき、特に大きな障害となったのは、現実に生きているという弘法大師の入定信仰であったわけである。弘法大師がこの世にいて、やがて一億年の後に出現してくるということを信じている庶民が大勢いる。これはまさに悪魔の化身であるから、はなはだ困るというのである。

そこで、入定した弘法大師を実際に見た人間がいるのかどうかということになる。たとえば『栄華物語』をみると一一世紀の段階の入定信仰がよくわかる。治安三年（一〇二三）十月、高野山に参詣した藤原道長が弘法大師の入定の様子を見た、という記事がある。それによると、弘法大師は髪が青く、衣はいささかも塵ばみ煤けず、鮮かであった。大師はただ眠っているようであり、弥勒出世の竜華三会の朝には驚き目ざめるであろうと見えた、という。

生きている大師

関白道長が目のあたりに大師が生きていることを見たという記事から明らかなように、空海は入定していて、弥勒の出世を待っているという考え方が厳然として存在していた。その

弘法井戸（東大寺真言院）

ことがまた、民間信仰の中に深い影響を与えることになるわけである。

大江匡房《おおえのまさふさ》の『本朝神仙伝』には、やはり一一世紀の末ごろに弘法大師は生きていて、初めのうち、髭や髪がはえてきて、常に変わらないその姿を見ることができた、といわれている。

弘法大師の死んだ日といわれている三月二十一日は、大師の縁日であるが、その際入定ミイラの確認をする。明らかに、弥勒仏として現われてくる時期まで、弘法大師が生きのびているという信仰が伝承されてきているのである。

この入定信仰は、高野山の信仰的事実であるが、中世以降の民間の社会では、弘法大師の、真言宗系統の聖や行者たちが、祖師である弘法大師と同じような考えをもって「入定」を始めた。したがって、ミイラが次々と出てくることになる。ミイラは主として旅の宗教者たちであり、かれらは地元の人々に対して大師を名乗るのである。

これは一種まれ人＝来訪神という形で、人々の日常的宗教生活にかかわってきたのである。換言すれば、霊力のあるストレンジャー（異人）としての意味をもつといえよう。

日本のストレンジャーの存在は、多く「大師」を名乗る人々で表現されている。それは神の子であるのか、神そのものであるのか、はっきりはしていないが、各地の村々を歩き廻って、奇蹟を行なう存在であった。たとえば、大師が弁当を食べた後、使った箸を地面にさしたならば、それが成長して木になったという神樹伝説。あるいは、その旅の僧が持っていた杖を地面に立てたならば、その杖が成長して大樹になったといったりする。そこが聖地となり、占有された聖地の中から水、泉が湧き出てくるといった類のものも多い。各地にある弘法清水の伝説は、そういう形で伝えられているのである。

大師伝説

旅の大師が訪れてきて奇蹟を行なう内容は、水不足の土地に水を出したり、神木を成長させたりするというもののほかに、村の大災害を救済するという役割を果したものも語られている。たとえば、それは大水害や干害を祈禱で救ってくれたという内容のものである。

奇蹟を示す大師は、いったいだれなのかというと、それは弘法大師であると最終的に表現されるのであるが、その弘法大師は実は高野山にあって、現在も生きており、四方八方歩き

巡礼（愛媛県南宇和郡御荘町　四十番・観自在寺）

廻っているのだという。いわば一種の救い主の存在である。民俗学上の弘法大師伝説は十二月末の冬至のころ、すなわち旧十一月二十三日にあたる頃、今では新暦だから少々ずれているが、太陽の光が弱まってくるわけで、農耕社会の全体のサイクルが一番弱くなっている時期に語られる。ちょうど世界が衰えてくると認識される時期に「大師」を名乗る救い主が歩き廻って、奇蹟を起こしてくれるというのである。村々では旅の大師をてい重にもてなさなくてはいけないと信じている。これが主に東日本に多く伝えられている大師講という行事なのである。大師講は、弘法大師がやってくるので、雪の降る夜、人々は大師粥をこしらえて、訪れてくる大師をてい重にもてなそうとする。

大師は実は、季節的には必ず年度末にや

ってきている。そしてそれは〝救い主〟の出現というように考えられていた。キリスト教の文化圏では、サンタクローズが回ってくるという場合と同じ発想であろう。救世主キリストが、このクリスマスの夜に生まれたという信仰も、ほぼ同じ冬至祭りと結びついたものといえるのである。

弘法大師だけでなくてもいいわけであるが、日本の場合には、弘法大師の名称をとるという形なのである。この大師は神の子であろうという考え方がある。それがストレンジャーの姿をして現われてくる。そして、奇蹟を行なったという説明になるわけである。弘法大師との結びつきは、明らかに一つの信仰が背景にあって成り立つものであって、弥勒が出世するまでの間は、生身の姿として生きのびていなければいけないという考え方が前提にあり、真言宗系統の聖・行者達が村々を歩き廻ることが、大師の分身の行動とみなされたためであった。

旅僧はごく普通の巡歴する行者であるが、それを迎え入れる定着農業民のほうは、それがそれこそ生身の弘法大師であるというように受け止めていた。たとえば、巡礼が「同行二《どうぎょうに》人《にん》」だとして歩いているのは、実は一人なのであるが、もう一人別に弘法大師が一緒に歩いているという考え方であった。「同行二人」で歩きながら、村の中では異人＝まれ人としていろいろな奇蹟を行なってきた。大師がきて病人を治したり、あるいは大水害が起こる前にその水害になるのを防いでくれた、というような伝説がある。また、水がまったくない村に水をもたらしてくれたという話は数多い。持っていた杖で地面をトントン突くと、水がコンコンとあふれてきたという説明。いずれも、日本の弥勒信仰の一つの表われ方であろう。すなわち、ここには激しい反乱を起こす中心的存在の弥勒はいないのである。救い主として、冬至祭りをはじめとした日常生活の行事の中に浸み込み、きわめて密着した形で現われているという形である。だいたい一四、五世紀の段階に、弘法大師がまだ生存しているという伝説が庶民の中に弘まっていったらしいのである。それが江戸時代になると、なお民間に広がっていった。これが民間信仰の中の大師伝説のあり方といえるのである。

第四章　日本仏教と弥勒

一　日本仏教史における弥勒

弥勒と知識

日本の民間社会の中に真言宗が浸透してゆくプロセスにおいて、弥勒信仰がどのように受け止められていったかということを前章で説明したが、それ以前の段階でまったく民衆と無縁であったかどうかは前述したように明確ではなかった。

前述の数少ない事例の中で、近江国坂田郡の富者が『瑜伽論《ゆがろん》』を書写していたという記事をあげたが、この『瑜伽論』は弥勒信仰と関係のあることが指摘されている。

『瑜伽論』は、中国で五世紀ごろに成ったという。無着《むじゃく》（三一〇～三九〇年ごろ）が兜率天に行き、弥勒の説法を聞いた内容を記しているものである。これは、無着が兜率天の中で直接弥勒の教えを聞きとってきた内容だというので、きわめて尊重されてきたのである。

したがって、『瑜伽論』の中には、当時の弥勒信仰の基本的な原理が示されているわけである。『瑜伽論』を信仰する人々が弥勒信仰をになっていたことは明らかであった。

『瑜伽論』をとおして信仰していた弥勒の信者たちがどういう程度のものであったのか、どのような信仰集団をもっていたのかということが、一つの問題であるが、これは知識（一つの信仰をもとに結集した集団）を組織していたらしいと推察されている。『日本霊異記』に出てくる近江国坂田郡の富める人という表現のように、いわば富める階層が中心となるわけであって、だれでも彼でも、貧しい人をも含めてということではないようである。『瑜伽論』を書写し、修得できるような知識の人々であったことは間違いない。

この『瑜伽論』を書写する集団の規模は、民衆の中にそれほど大勢いるわけではなかった。

ただ、弥勒信仰の信者の組織が、真言宗以前の段階にも予想されているという点は、一応考慮に入れておくべきと思われる。

それからもう一つ、弥勒信仰がこの『瑜伽論』をとおした展開を示すのは、主として法相《ほっそう》宗が大きい力を持っていたということであり、この点を見過ごすわけにはゆかない。

法相宗と弥勒

ただ、法相宗はきわめて哲学的な教理を持っており、後に鎌倉新仏教に対して明恵上人《みょうえしょうにん》（一一七三～一二三二年）を中心とした展開を示したり、あるいは東大寺の宗性《そうしょう》上人の存在があり、いずれも鎌倉時代における弥勒信仰を弘めるのに功績があった。しかし、明恵にしろ宗性にしろ、本質的には教学のレベルでその質を高めたのである。そうした点に関心のあるものにとって、弥勒の教学の問題として見過ごすことはできない。たとえば、宗性が編纂した『弥勒如来感応抄』などは、その中心点に兜率往生をはっきりうたっていることで有名である。この内容をみると、民間の、つまり一般民衆の立場に立ってとらえられた弥勒信仰

明恵上人像（高山寺蔵）

とまた異なった実相が認められる。弥勒思想を教理的に研究することが一方の立場としてあるわけであるが、その場合、民衆思想とどういう点でつながりをもつのかは不明確である。ただ、中世の弥勒信仰、とくに貞慶《じょうけい》、明恵そして宗性を考える場合は、中世浄土教の世界と不可分な関係にあるだろう（平岡定海『日本弥勒浄土思想展開史の研究』大蔵出版、昭和五二年）。

日本仏教の中心にはなんといっても浄土教の問題がある。これは要するに一〇世紀ごろの段階で、律令国家の支配体制が崩れてきており、世情一般が社会不安に襲われた。各地方では陰謀事件とか、クーデターに類する事件が相次いで起こるという状況であった。権力の交代など、政治的混乱の状態の中から藤原氏がついに実権を握るようになってくる。そういう情勢のもとに浄土教という形で仏教が発達したということは、末法思想と重ね合わせた時に、ある程度推察できることである。それは主として貴族社会の中で発展したものであって、その思想上の成果として代表的なものが『往生要集』（寛和元年＝九八五、源信の著）であった。

極楽往生と弥勒

『往生要集』は極楽往生のための教えが説かれているゆえに、平安時代の貴族たちはこの『往生要集』によって、ユートピアを願望していたといえる。ユートピアの中の一つに兜率天＝弥勒浄土が描かれているが、この場合、極楽＝阿弥陀浄土のほうが上位にあるという考え方によっていた。

これは、前述した中国の浄土教の考え方と似ているわけである。しかし、浄土教の中でも、貴族の一部が兜率天往生を考えていたことは明らかであって、とくにそれを否定していなかったというのも事実であった。

極楽の阿弥陀浄土に対して、弥勒の兜率天浄土も存在する。両者がパラレルな形で貴族社会の中に展開していたということになる。

空也と歓喜

古代の民間社会において、行基《ぎょうき》の活動は注目されるが、そこにはまだ弥勒信仰というものが熟していなかったことは明らかであった。一〇世紀ごろに民間の宗教者として現われてくる空也（九〇三～九七二年）の存在は、いわば行基など聖の系譜を引くものであった。彼は「南無阿弥陀仏」を称えたので「阿弥陀聖」とよばれていた。常に市井にあって、民間信仰の中で活躍していたので別に市ノ聖ともよばれていたのである。

このことは、後にさまざまな奇蹟を村々の中で起こしていた弘法大師を信奉する聖たちのルーツに当たる存在でもあったのである。空也は霊力を持っていたわけで、各地で橋を作ったり、井戸を作ったり、水がないときに水をわき出させるというような奇蹟譚が伝えられている。そしてこの空也と並んでもう一人、歓喜とよばれる宗教者がいた。彼は弥勒信仰の布教者であったといわれている。

歓喜はひたすら兜率天の内院に生まれること、つまり兜率天往生を願っていたといわれる。そして、つねに古い寺とか塔を修繕することに熱心であり、自ら鼓を打って「弥勒上生兜率天　四十九重摩尼殿」などと称え、勧進して歩いていたという。つまり、寄附を募っては寺院を直したり、橋を架けたりしていた空也と並ぶこれも典型的な聖であった。

この歓喜は民間の宗教者である聖としての行為をしていたわけであるが、源信などと比べると、いわば一種の物狂い僧のように一般からは見なされていた。

身の周りを省みないで、絶えず修行に専念していたので、晩年は糞尿にまみれるような臭いところに住んでいたという。ところが、彼がいよいよ死んだときには、この汚ならしい空間が、高貴な香りのただよう聖なる空間へと変貌した。すなわち、それは兜率天に歓喜が往生したことの証しであるというように記している。

空也のほうは弥勒信仰ではなくて、阿弥陀聖であったのだが、歓喜のほうは〝弥勒聖〟とはいわないまでも、ひたすら弥勒浄土を願望していたという点で対比される。この二人は共に、勧進を行ない、奇蹟を示しながら信者を集めるという聖であった。両者とも浄土教のリーダーになるわけであるが、そのうちの片方が兜率天を信じていたという点が特徴となる。このことは速水侑氏が指摘するとおりである（速水侑『弥勒信仰――もう一つの浄土信仰』評論社、一二一～一二二頁）。

このように日本の宗教社会の中においても、極楽と兜率天はパラレルな関係にあって、両者を併存させている現象がみられたのである。極楽か兜率天になるかは、信者たちの選択にまかせられる。〝兜率上生〟と〝極楽往生〟という形で、人々はそのどちらかを選んでいた、ということになる。

歓喜の信仰は要するに弥勒信仰における上生信仰の一面といえよう。弥勒浄土に生まれたいという願望によってつくられているもので、阿弥陀浄土と比べた場合どちらかが優勢になってくれれば、そのほうに吸収される傾向が強いのである。

実際は、やはり阿弥陀浄土のほうが優勢になってきており、弥勒浄土はだんだんとそのほうに吸収されてしまうわけである。

だが弥勒信仰がそれにより消滅してしまったのかといえば、上生信仰のほうが弱まったことはたしかであった。しかし、下生信仰に基本を置いた弥勒の教理が次に展開することになるのである。そしてこうした変化というものは、阿弥陀浄土の展開にはみられないものであったのである。

たとえば、阿弥陀仏が地上に再臨してきて、この世を救うという発想は、生まれてきてはいないのである。弥勒浄土からは弥勒仏が降臨してきて、この世を救うということははっきりしている。要するに、浄土信仰の枠組の中で阿弥陀の世界に弥勒も吸収されてしまった。それで弥勒信仰もすべて消えたのかというと、そうではなく、別に弥勒下生という形で、弥勒信仰はさらに大きな展開をしてゆくということになるわけである。

弥勒仏がこの世に出現してくることは、中国とか朝鮮の場合には、前章の比較宗教論的な視点からも、きわめてはっきりしていた。それは各民族が世紀末的な段階、あるいは国事多難の折に、一種の救い主として出現してくるというわけであった。繰り返すように、日本の古代社会の場合にはその点が出てきていないのである。

前出の『瑜伽論』を信じていた富者の前に弥勒が出現してきた事例、あるいは、仏教伝来期の蘇我馬子が病気治しのために信じていたような事例しか、あげられていないのである。

黄金浄土と弥勒

この点について、民間社会の中に強く浸透した弥勒下生の観念によれば、弥勒が現われるというときが設定されているのである。それまで待機していなければならないという信仰は、弘法大師入定信仰の中に表出しているわけである。問題は、そういうメシア信仰の系譜の中で現われてきている弥勒のあり方である。実際に、弥勒浄土の存在は天の上にあるといっても、宇宙空間の彼方に存在しているという説明だけでは、人々は納得しないような状況があったようである。

たとえば、弥勒仏が出現するのはこの場所であるという思考が生まれていた。それは山岳信仰との結びつきからくるわけである。前述のように代表的なものが金峯山《きんぷせん》（奈良県吉野郡）であり、これは黄金で敷きつめられた山岳という意味であった。

東大寺の大仏建立のときにも、黄金を求めて、聖武天皇（七〇一～七五六年）が金峯山の黄金を使おうとしたというのであるが、その金は、弥勒菩薩の出現する弥勒浄土の金であるから使わせない、という託宣がくだったといわれている。ここに、弥勒浄土のための黄金という認識があったわけである。黄金がちりばめられた世界というのは、その原型は明らかに『弥勒経』の描写の中にあることはすでに説明した通りである。

きらめくような黄金世界である金峯山への山岳信仰は、どの時点で生まれてきたのだろうか。たとえば、藤原道長（九六六～一〇二七年）が金峯山に経典を埋めた、この埋経《まいきょう》の事実は歴史上きわめて有名である。「弥勒の世」が、山の頂上とか金峯山の山中にあるという黄金浄土観が伴っていたという点が、一つの特徴になるであろう。

この道長の金峯山埋経の一件は、彼の打算的な意図があったといわれている。すなわち、金峯山に埋経しておけば、金峯山が弥勒の浄土になるのだから、その地に自らの生前の勝れた業績内容を、記録としてとどめておくことになるというわけである。

具体的に、貴族社会の中では、金峯山が黄金浄土に当たるのだ、というように信ずるよう

金峯山寺

になっており、ここに現実に弥勒浄土が具象化されていたのであった。

弥勒浄土に擬せられた金峯山は、都のほうからみると、地理的にもはるか南方に位置する雄大な山並みというようにみられていた。そこで、はるか山の彼方の、すばらしいユートピアが現実にあるのだという発想が、次第に具体性を帯びたものになってきたわけであった。そういう点を強調したのは、当時いろいろ議論もあるかと思うが、の末法思想の強化によるものではなかろうかといわれている（速水前掲書、一四三～一四六頁）。

末法は、この世が終わるという終末を予想する思想であった。釈迦入滅後、正法・像法・末法という時代があって、その中でとくに弥勒の時代があるわけでないが、末法になれば、釈迦の世が終末をとげると意識されていた。具体的には永承七年（一〇五二）が末法の第一年に当たるというわけである。本来は、仏教の経典の上で設定した末法の年が現実に伝承されていたわけである。末法の考え方が、ちょうど、現実問題と対応してきたことも明らかであった。摂関体制が衰えてきた一一世紀に入った段階で平安京の治安が大いに乱れてきて、日常生活は殺伐とした状態になっていた。世界の破滅が近づいてくるという意識が自然と強くなる。現世が末法であると認識すると、この世を救ってくれるのは、弥勒の下生であろうという理解をするようになった。これは『弥勒経』の高度な教理を解読できた人々の間で末法を信ずる仏教信者の中に生じてきたのであった。しかし、それ以上に民間の動向の中で末法を意識的にとらえて、反乱運動あるいは民衆運動に高めるというものではなかった。埋経の願文からしても貴族社会にそれがより強く現われていたということになるであろう。

しかし、埋経の行為は有力貴族だけではなくて、各地域社会の中の土豪たち、あるいは富人といわれる階層まで包みこんでいた。地方豪族は、この世が末法に入ったというような見解をとっていたといえるのである。

貴族社会の没落と末法到来との関わりがたまたま一致したわけであるが、浄土教はそれに対応して展開してきている。阿弥陀浄土のほうには、死んだ後その浄土に再生しようとする意識があるのと同時に、一方では弥勒浄土が現実に出現するであろうことを思い、具体的に現世の中に弥勒浄土を想定するという思考のあやがあったといえよう。これが一一世紀の後半になってくると、さらに一層強くなってきているのである。

三会の暁

釈迦が入滅した後、弥勒が現われるその間のプロセスは、末法の時期をくぐりぬけなければならなかった。それは五十六億七千万年後の遠い未来であるが、現実には案外もっと近い時期に弥勒が出現する可能性が出てくるという考え方が、広まりつつあったということがいえるわけである。

当時の弥勒信者の表現の中に「三会《さんえ》の暁を待つ」という言葉が、しばしば見受けられた。いうまでもなくこれは末法思想と対応するが、そこには何ら切迫感がないようにもみえる。しかし、さまざまな社会的事実に対応して、その時を待つ、それが「三会の暁」の表現からも明らかなように、明け方のめくるめく光を期待することを示している。いわば弥勒の出現する時であるという考え方である。

この「三会の暁を待つ」という人々が、次第に上層から下層に降りてきて、庶民の間にまで広まるにはかなりの期間があったと思われる。けれども、その三会の暁に必ず値遇するという考え方が、庶民の間にも、一三世紀以後にはだんだんと強くなってきたとみてよいであろう。

弥勒等同

弥勒出現の「必ずそういう時期が来る」ということ、これが親鸞《しんらん》の浄土真宗の間にも同じように受け止められてきていた。すなわち、親鸞の門徒たちが「弥勒等同」という言葉を使っている。これは「弥勒と同じ社会に住む」という考え方であった。親鸞の思想の中にも弥勒信仰が強力な形で入りこんでいたのである。民間において真宗は大きい力をもったわけであるから、真宗地帯の弥勒信仰の実態に注目しなければならないであろう。

親鸞の言葉の中では、「弥勒等同」はこう説かれている。すなわち、「弥陀の信心を得た人は真の仏弟子であり、正定聚の位に定ったと知るべきである。だからこうした人々は弥勒と等しい人々である」、つまり弥勒と等しい人であるというのが「弥勒等同」の考え方である。これは、念仏者の一つの生き方として、弥勒菩薩と同じ位置にあると意識していたことになろう。「自分は弥勒と等しい」という表現は親鸞の教団の中にかなり浸透していたといわれている。こうした宗派の中における弥勒信仰が、それぞれ法相宗や真言宗、天台宗、真宗の中に、少しずつ解釈を違えて入り込んできているという点は重要であろう。しかし、実際信者の側にとってみると、一方にあまり宗派性にとらわれない民間信仰としての展開があった。たとえば、宗派の枠組みを離れた聖たちの行動にそれは示されるであろう。

弥勒と入定

民間に流布する行者たちに対する信仰はさまざまであるが、行者や聖たちの宗教的権威は、彼らがつねに山岳に蟠居《ばんきょ》し、時折り村里に出て民衆と交わることによって保持されていた。彼ら行者と弥勒信仰との関わりを具体的に示す民俗資料はかならずしも多いとはいえないが、次に二つの事例をあげてみる。

第三章でもちょっと紹介したが群馬県吾妻郡中之条町五反田に嵩山《たけやま》（海抜七八九メートル）がある。この山の頂上近くにミロクサンが祀られている。このミロクサンは、穴の神だといい、耳、目、口、鼻などの病気を治す。また女の神であり婦人病を治すとも、またお産の神だともいわれている。いずれにせよ、江戸時代から流行神として宣伝されたものである。ミロクサンの本体は弥勒仏である。それは断崖の洞穴の奥に安置されている。銘文に、「権大僧都智勝三光院正覚位」、「南無当来導師弥勒菩薩」、台座に「高橋孫兵衛」とある。高橋孫兵衛はこの辺りの名主クラスの有力者であり、彼が結縁の中心となり、弥勒像建立にあずかったと察せられる。その際三光院は導師として関与したとなると、三光院が弥勒信仰を布教したと考えられる。さらに興味深いことは、嵩山の麓に西中之条部落があり、そこに真入塚という入定伝説をともなった塚があることである。ここに入定した人物は、名前は明確でないが土地の大先祖であり、嵩山にこもって修行し九十六歳で入定したと伝えている。嵩山はお天狗さんといわれており、かつては修験者たちのこもる山であった。現在でも二月上旬に山頂にボンデンを上げる行事が残っているという。

右の真入塚の入定者は、修験者であった。彼と先の三光院との関係については明確でないが、おそらく右のミロクサンの信仰と結びついていたと推察される（阪本英一「嵩山のミロク信仰」『日本民俗学会報』四九）。さらに注目されるのは、山麓の人々の間で、各家の北側のやや高い一定の所に正月に松飾りやお供えを置き、ミロクサンを祀っていることである。とくに小正月にマユダマを大量に飾り立てるとこれをみて、まるでミロクサンのようだと表現していることである。つまり、この表現には直接的な仏教上の弥勒信仰とはいえないが、ミロクサンのようだという小正月の予祝行事を通して「ミロクの世」に対する一種の憧憬を認めることができるのである。農耕的思考から発したミロク世に弥勒の世を重ね合わせたことから右の習俗が成立したといえる。とすると、この地に入定した行者が、入定する時に、あるいは民衆の期待する「ミロクの世」の現出を約束したことも想像されるが、その後の伝承には、その点については直接語られていない。

弥勒石仏と円哲

甲州と信州の境近くにあるみすず村の笠原という地には、たくさんの弥勒石仏が今もひっそりと鎮座している。土地の人は、なぜそこに祀られているのか、もうだれも記憶に残していないのであるが、弥勒の半跏思惟《はんかしい》の石像の合間に、円哲様とよばれる石碑がある。ここに祀られている円哲様は旅の聖であったらしく、石仏のある台地の前方の湧水は、昔流行病がでると、竹筒にこの水をもらってきて霊水として飲んだと伝えている。円哲様が、そうした流行病を除去する呪法を指示したらしい。

弥勒石仏の年号は、いずれも風雨に永い年月さらされていて判読できぬ状態となってしまったが、いずれも江戸時代前期に集中しているという。『みすゞ』（昭和三六年）をみると、

弥勒石仏（千葉県海上町）

多くの石仏は童女供養のための建立とあり、また石像の肩に楊枝の小束がかけてあって、歯病の願掛けの流行仏となっているらしい（同書、二九二〜二九三頁）。

ところで、円哲なる聖がこれら弥勒石仏と関係があったとすると、いろいろ興味深い問題がでてくる。

たとえば、円哲様の縁日は四月八日で、主として女衆が日待をしているという。女たちがお堂に集まり、早世した童女の霊を供養し、かつ安産を祈願するのである。ところで四月八日は全国的に花祭りの日であり、各寺院で灌仏会《かんぶつえ》が行なわれているが、ここでは円哲様の縁日に置きかえられている。

これほど影響力の濃い聖が、あるいは弥勒出世の機会について、村人に説く機会があったのではなかろうか。半跏思惟の像を石工に彫らせて、そこに祀った当時の村人たちの心意の中に、そうした民間行者たちのさまざまな奇蹟譚とは別に、弥勒出世、あるいは三会の暁に対する執念がこめられていたことも想像されるのである。

この聖の背後には、真言宗系統の行者の系譜があったようにも思える。それは前述したような大師に仮託された聖であったかも知れない。結局、異人とみなされる大師が入りこんできて、民間信仰としての弥勒を説いたことは十分推測されるだろう。

それが救い主・弥勒が下生してくるという考え方と同じになってもいる。民間におけるメシアを待望する考え方と一致してくるのである。

二　民間信仰への広がり

戦国期と弥勒

日本の民間信仰の中には、この世を救ってくれる存在がいて、いつかは現われてくるに違いないと考えられていたのではなかろうか。それが仏教上の弥勒であると伝える宗教者があって、その弥勒は具体的な表現形態としてのさまざまな民俗宗教現象となる。たとえば、世直し運動とか、あるいは弥勒を軸とした民衆運動というものが明示されるような時期が、日本の社会史の上で考えられるのではないかということである。

右の問題設定に適う具体的な時点はいつであるかというと、現在までわかっているのはやはり戦国時代の末期であろうと思われる。それまでは、具体的に生まれ代わるような弥勒の化身が、現実に出現するという表現がとられていなかった。自らが弥勒であるということをとなえることは、戦国時代の乱世にあっても存在しなかったわけであるが、現実には弥勒の年が予想されていた。つまり、その年になると弥勒が現われるということを説いた時期が、集中的に表われている。それは一六世紀の初めであり、とりわけ永正三年から五年にかけての時期であった。

私年号と弥勒

このことは、いわゆる歴史上の私年号として有名な事実である。私年号は、民間でプライベートに設定した年号であり、明らかに天皇が設定した公年号とは対立する存在であった。したがって、私年号のもっている思想的な意味は、きわめて高いものといえるだろう。自分たちが自由に年号を設定して、それを中心に社会秩序を形成するということは、民衆のひとつの世界観の表明といえる。これが「弥勒の年」と考えられているのが特徴であった。ただ地域的に限定があって、ほぼ関東を中心として東日本の一部に限られているのである。

弥勒私年号の記録は、金石文に残っているものが多く、それも板碑《いたび》とか石仏の銘文の類である。その詳細については、久保常晴氏の『日本私年号の研究』によって明らかにされてきている。

この私年号については、江戸時代には偽年号であり、かつ、それは迷信の類であると当時の人々は思ったようである。しかし、明らかに私年号として勝手に使った年号ではあるけれども、その年号の中に弥勒の名称を用いたという点が、きわめて重要といえるであろう。

文字どおり弥勒と書いたものもあるし、命禄と書いたものもある。また別に福徳と書いたものもある。したがって、すべてが弥勒に統合されてはいないが、私年号設定の精神は共通している。弥勒、命禄は明らかに「弥勒の年」の出現をうたっているものなのである。

弥勒元年になったとか、弥勒二年になっているという、このようなとらえ方について、江戸時代の学者である中山信名《のぶな》（一七八七〜一八三六年）が次のように書いている。

所謂延徳中に福徳の号あり、凡て年を経たり、永正中に弥勒の号あり、凡て二年を経たり、享禄中に更に弥勒の号あり、天文中に命禄の号あり、凡て三年を経たり、蓋当時兵革相つぎ蒼生安住する事能はず爰を以て歳運を変ぜんが為に僧家漫に福徳、弥勒、命禄等の号を設けしを頑民年号の重事なるを志らざる故に、猥に流伝せしもの也、武家の記録に是号を用ひし事なきは士大夫以上に及ばざりし事亦以て見るべし、是号豆相等に限ることの故に今に至てこれを関東の偽年号と称すと云（下略）

これは『偽年号考』の一節である。当時、兵革が相次いだ。つまり、戦乱が連続して起こり、民衆が安住する事ができなくなったので、歳運を変えようとして僧家が勝手に福徳、弥勒、命禄等の年号を設けたというのである。注目されることは、戦国の乱世の災厄を改め直そうという意識であり、それは世直しの意識と結びつくものであろう。その時をもって歳運を変えるというのは、一般に厄年などで年祝いをする民俗知識に通ずる。僧がみだりに使った私年号であるというものの、民衆に無縁のものではなかったのである。

鹿島と私年号

中山信名はさらにつづけて、次のような考察をしている。すなわち、私年号の多くが「仏寺の記録、器財に存せり」として、「鹿島の神符に弥勒の号ありしと云へるも、この神宮中古より両部となりて神宮寺以下社僧多くあれば也」という。これはきわめて注目される記述である。

「鹿島の神符に弥勒の号あり」という指摘は、大田南畝《なんぽ》が「鹿島の社家枝家弥宜が家にも、弥勒の号を用ひたる神符ありし由なれど、近年焼失せしといへり」と『仮名世説』の中で述べていることとも一致する。

東日本に巨大な信仰圏をもつ鹿島神社が、その護符に弥勒の年号を使っていた、と書いているのである。それは主として、鹿島神宮寺を中心とした神仏習合の結果と考えられている。

実際、鹿島神人の他に神宮寺の僧が関係していたらしいことも推察されている。鹿島神人たちが弥勒の字を記した護符を使っていたかは、現在のデータだけではどうも明らかではない。前述のように鹿島神宮寺は焼けてなくなってしまった、とすでに江戸時代に記されているので、関東を中心とした弥勒私年号の設定に、鹿島信仰が介在しているという推察にとどまらざるをえないのである。

繰り返して言うならば、民間信仰の中に弥勒信仰がどういう形で展開しているのだろうかということを見るとき、一つは仏教上の教理の問題があった。真言宗を中心とする弥勒出世を待つ弘法大師に対する祖師信仰が民間の聖・行者の系譜として発現している。聖・行者による入定信仰が各地に弘まっていった事実がある。そして、聖・行者たちの行なう奇蹟が高野山の弘法大師の奇蹟と二重写しになって、「弥勒の世」＝弥勒の年がやがてくるのだという形で、だんだん浸透してきたわけであった。

注目されるのは、真言宗の系譜を考えたとき、それは高野山信仰と結びついている点である。そして、地域社会ごとにある霊山が真言密教の修験道と結びつくため、山岳信仰の一つの側面として、霊山信仰すなわち真言宗系修験者とか、密教系の僧侶とかが宗教社会の中で勢力を占めてゆく。つまり地域社会の真言修験系の霊山をとおして発現してゆくのである。

鹿島の地位

この流れに対して、今述べた鹿島信仰がもう一方の雄として浮かび上がってきた。民間信仰に対する新しい要素がここに発見できるわけである。なぜならば、鹿島は霊山ではない。太平洋沿岸の海際に抜きん出た大きな神社なのである。しかも、神社神道の位置からいえば伊勢神宮と拮抗する神社でもあった。大和朝廷を中心とした畿内に対して、東の果てに当たる地点に存在しているのである。東の果てに存在する鹿島神宮がなぜ有名になったのかというと、それは託宣をする神格のためであった。予言・託宣が鹿島神の重要な機能としてあったわけである。

航海神・境の神

鹿島地方は、霞ケ浦や北浦といった内海を背後にもち、前面には荒波の鹿島灘がある。そして海上、陸上ともにきわめて出入りの自由なところである。鹿島の前面を通る船が数多くあり、船は通るときに必ず舟子が鹿島の神に礼拝をしたという。

この鹿島神の近くには香取神宮があるが、この名称は明らかに「舵取り」からきている。舵取りの神社、つまり航海技術の神である。鹿島・香取が航海術を含めた海上の守護神、海を航行する人々の守護神という点はきわめてはっきりしていた。それ以外にどういう要素があるかといえば、これが大和朝廷の支配世界の、一番東のはずれの周縁部にあたる地域だ、という考え方である。

一番東のはずれであるがために、それは境の神と考えられた。つまり、もう一つ別の世界と現実の大和国家とのちょうど境目に当たる地点であって、そこに存在している神はきわめて霊力の強い神格とみなされたわけである。

この鹿島に対するイメージは、そういう境界に存在する神で、かつ霊的な力の強い神格だとみられていたようである。境の神の霊的な予言が、以前から古代的な信仰として持たれていたのではないかということである。

香取神宮

大物忌の予言

こうした面は鹿島関係のデータをみればよくわかる。鹿島には大物忌《おおものいみ》と称する女性予言者が住んでいた。この大物忌という存在がなぜ重要かといえば、物忌の巫者集団の中心である大物忌がいて、その女性はまだ月のものが出るか出ないかという年ごろである。つまり彼女は聖処女であるが、シャーマンであることはまちがいなかった。この聖処女である巫女の大物忌が年頭に当たって託宣をする。これが「鹿島の託宣」として知られるものである。

鹿島の託宣を受けて、「鹿島の事触れ」の予言者集団が全国に派遣されるわけである。その鹿島の託宣者たちが村や町を訪れてくる。その事触れたちを迎える側の定着民たちは、かれらをまれ人あるいはストレンジャーとして受けとめていたわけである。

　このことは、ちょうど真言宗系の聖・行者たちが弘法大師の生まれ代わり、大師の守護霊の乗り移った存在として、奇蹟を行ないながら村や町を訪れて、まれ人として歓待されたのと同じ構造をもっている。

したがって、ストレンジャー（異人）が現世の救いということを説く形で入ってゆくと、日本の定着民社会は、それを自分より上位にある神として迎えたのであった。聖や行者たちはその年の終わるころにやって来る。ちょうど旧暦の十一月・十二月のころに多く来ていた。

　ところが、鹿島の託宣のほうは、あくまで正月の年頭に当たって出て来るという特質があった。同じ地方に来る異人であっても時期が違うから、両者の間に直接的な緊張関係は生じていない。

鹿島の事触れ

鹿島の事触れは、一年間の順調な営みを述べ、世界全体の秩序ある救いを説く。聖や行者たちは年度末に当たって、現世の農耕リズムの弱まったとき、その危機状況を救うべく出現してくるという異なった側面をもちつつ、それぞれがストレンジャーとして、町や村など地域社会の中に入りこんでいったことがわかる。

　鹿島の事触れと称されるものは、当時の記録、たとえば『人倫訓蒙図彙《じんりんきんもうずい》』などをみると、「毎年鹿嶋ノ神前ニシテ行ノ事アリ。（中略）吉凶ヲシメシ給フト、ソレヲ日本ニアマネク告シラセケル事、此神官ノ役也」とある。そして、事触れの総人数は三十六名であり、この三十六名が、大物忌の巫女が神の意思を聞いた内容を諸国に告げて歩くということになっている。

事触れが大阪までやってきたことを記した『近世風俗志』によると、

折烏帽子ニ狩衣着セル神巫一人、襟ニ幣帛ヲ挟ミ、手ニ銅拍子ヲ鳴シ、鹿島大明神ノ神勅ト称シ、当年中ニ某々ノ天災アリ。或ハ某々ノ疾病流布ス。免レ之ト欲セバ秘符ヲ授クベシ。等ノ妄言ヲ以テ愚民ヲ惑シ、種々ノ巧言ヲ以テ頑夫ヲ欺キ（下略）

と言っている。つまり、鹿島の事触れの予言は、触れ歩く者たちが襟に御幣を挿んで踊るのである。その時、音をにぎやかにたてている。銅で作った鉦《かね》を、ジャンジャンと鳴らしている。そして鹿島の神のお告げであると言い触らしながらやってくる。お告げの内容は天災と病気と、そしてそれらを祓うためには御札の売りこみに熱心である。後世になると、これはどうもかなりインチキ臭くなってきている。もっぱら商売をかねてやってきているからだ。つまり本当に託宣に基づいた鹿島のお触れをしているのではない。勝手に中味を作り上げて御札を売り歩く。ちょうど高島易断の暦を売り歩くのと同じようなものである。暦の中に一年間のさまざまな予言が書いてあるが、それが偽物扱いをされていた形跡があるのである。江戸時代の末になってからの記録の中に偽物だとする事があったことは、かなりの量の鹿島の事触れが出回っていたことを物語っている。

要するに、鹿島という地域は、託宣予兆を示す霊域として、各地域から聖なる空間として考えられていたということがわかる。

これら託宣が人民をまどわす妖言であったのかどうかは不明確であるが、いずれにしろ、鹿島を中心として、鹿島信仰は戦国時代を一つの契機として急速に大きな展開を示したのであった。そこで問題となるのは、このような時期に当たっても、中国・朝鮮で出現してきたような、弥勒教匪の反乱運動という形態がとられていないことである。繰り返すように、これが日本の一つの特徴なのであった。

真言宗系の聖・行者たちの説き方も、鹿島の託宣の事触れの説き方も、やはり大きな民衆運動へと発展するような形態をとるような形で、弥勒信仰を中心として、発展させてゆくということにはなっていないのである。

第五章　鹿島信仰と弥勒

一　鹿島踊りと弥勒踊り

鹿島踊りと弥勒

前章で述べたように、鹿島地方を中心として、弥勒私年号がつくられ、その具体的な伝播方法は、鹿島の事触れという託宣を告げる予言者によってであった。鹿島の事触れが村々に入ってゆき、その一年間の災害・災難について伝えるのであるが、その伝え方については、芸能的な舞いとか踊りで表現することが、明らかになっている。この踊りがいわゆる鹿島踊りとよばれるものであった。現在では民俗芸能として残っており、無形文化財として知られているが、その原型は、鹿島の事触れの託宣の触れ方から出た鹿島踊りと称する一連の踊りであったらしい。

ところで、この鹿島踊りはしばしば弥勒踊りとよばれているが、この二つの踊りの分布はある程度はっきりしている。茨城・千葉県から神奈川県の箱根から東の東海にかけての、太平洋沿岸の村々で、今までの調査では、鹿島踊りの伝承が二十二か所保存されているといわれている。神奈川県と静岡県にわたる海岸部だということが一つの特徴である。また、内陸部は東京都の小河内――現在は水没している――にも残されていた。

これらに共通して問題になるのは、踊る場合の踊り手とその踊りの仕方であった。踊り手は若者＝青年の男子に限られ、十五歳ぐらいからこの若者組＝青年団に入って踊りを修得した。つまりそれは、イニシエーションと関係のある踊りだったらしい。この踊りの訓練はかなり長期間にわたって課せられており、大体十五人から二十五人ぐらいの集団が踊るのである。

　踊りの役は太鼓の役、黄金杓《こがねひしゃく》の役、太陽と月をもつ役、それから歌をうたう役と警護役というような役がある。このなかで、太鼓をはげしくたたく役には、重要な位置が与えられている。その太鼓の役と並んで鉦《かね》を打ちならす役もある。つまり、太鼓とか鉦ではげしい音をたてるわけである。
はげしい音をたてながら乱舞する。とんだり跳ねたりする。とんだり跳ねたりしながら踊ってゆくうちに――多分、現在では芸能化しているのでそういうことはないが――鹿島の事触れが神がかりをし、その神がかりによって託宣を述べていったのであろうか。それが観客を目当てとするショウの形になり、民俗芸能として現在のような形で残っているのである。

　また、黄金杓の役は杓子を持って踊る役である。この杓子は大体直径二、三寸、長さ四、五寸ぐらいの水汲みの形で、黄金杓といっている。これは杓子の形をボール紙で作ったもので、金色の紙を使っている。その杓子の中に、五色の色紙を細かく切って入れ、それを持って踊ると色紙がパラパラとばらまかれる。これをよねと称する。よねというのは、明らかに米のことを意味している。このよねをばらまくと悪い病気が追放され、厄病をなくすという機能があるのである。その他に、太陽の形をしたもの、月の形をしたものを持って踊ってい

鹿島踊り（小田原市根府川）

る。太陽も月も形は円いが、この場合の月は三日月の形をしている。この三日月の形と太陽の組み合わせは、陰陽、つまり男根と女陰を表わすものではないかという説もある。この両者をもって踊っているのである。

踊りの衣装で特徴的なのは、白い上衣を着ることであった。これは白い木綿で作ったものであり、烏帽子《えぼし》をつける。ちょうど神主さんの姿をしている。現在はもうゆかたを着てやるが、以前は白丁《はくちょう》という白い烏帽子姿で、白丁姿といっていた。白い上衣を着ているということは、明らかに神職の姿を表わしている。この踊り方にまた特徴があって、方舞と円舞をとる。この方舞というのは、四角、正方形になる踊り方である。踊りを踊りながら列を組み、そしてまた円くなる。つまり、方舞と円舞を組み合わせるのである。

この方舞というのは、非常に古い踊り方だ

といわれている（永田衡吉『神奈川県民俗芸能誌』上巻、四一七〜四七五頁）。一般に江戸時代の踊りはみな円舞をとるもので、たとえば盆踊りでみるとわかるように円く輪になって踊る踊り方である。ところが、方舞というのは四つに列を組むような踊り方であって、円舞よりやや古い形であるらしい。鹿島踊りは、この円舞と方舞の繰り返し、つまりぐるぐるまわって円舞になり、また四角になって、ということを繰り返して踊ってゆくわけである。

そして、繰り返し円くなったり方形になったりしながら、中央にいる事触れに神がかりを起こさせたものと思われる。行列をつくって踊ってゆくというこの踊りの最大の特徴は、踊りの文句であった。この踊りの文句の中に、いくつかの重要な要素をみることができる。

弥勒お舟

一つの特徴は、「弥勒お舟がついた」という表現である。これは、弥勒仏が乗った舟が、海の向こうからこの土地にやってくる、という内容を表わすものである。それから「天竺のほうから十三小姫がやってくる」という表現がある。天竺という表現は、はるか彼方の異郷という意味であろう。海の向こうの彼方から「十三小姫」あるいは「十三小女郎」がやってくるというのである。この十三という数が一つの問題となる。

すなわち十三歳の女性というのは、成女になる年、つまり一人前の女になる年である。ちょうどその境目は、巫女としての資格をもつ重要な年代にあたる。

十三祝いという民俗もあるが、十三歳になった聖処女である巫女が米＝よねをまくというている。弥勒と米が同じ意味になるのである。

それから、「鹿島のごまんどう」という言葉が出てくる。このごまんどうは護摩堂で、これは真言宗の神宮寺があり、そこで護摩をたいていたことがわかる。したがって、鹿島神社といいながら、鹿島神宮寺という神仏習合の寺院が介在していたということが予想される。こういう弥勒踊りの歌の文句とは別に、実際には芸能として、若者が女装をして、十三小女郎がよねをまくような所作を示すというものである。

歌の文句の冒頭で、「弥勒お舟」が自分の土地にやってくるということを説くが、「弥勒お舟」には米がたくさん満載されていた。こういう考え方は、明らかにその地域に定住している人々が、豊穣を約束する存在が海の彼方からこの地にやってくるのだ、ということを願望している表現となるわけである。

この踊りがいつの時点ではやったのかということであるが、それを示すデータにそれほど確証があるわけではない。けれども、江戸時代初期、諸国に疫病がはやった頃、常陸の国の鹿島から神輿《みこし》が出て、この神輿は諸国にぐるぐる転送されていた。それによって悪い病気を追いはらうために、その神輿を中心にして人々が踊ったのである。これが諸国に流布している鹿島踊りだというふうに『近代世事談《せじだん》』巻五には書かれている。したがって、近世初期の鹿島踊りという場合には、悪い病気を追いはらうマジカルな力をもった神霊を、神輿に乗せて使ったことになる。そして鹿島踊りがそれに伴ったダンスであるということが分かるわけである。

その場合、鹿島の事触れは、年頭にあたって疫病除けの祈禱をかねて、災厄払いを行なったのであるが、一時期の疫病大流行に際しては、臨時のご祈禱をこめて悪疫祓いの神輿が出たのである。これが人々の記憶の中に牢固として残っていたと思われる。疫病除けを趣意とするはずの歌の文句の中に、弥勒の歌詞がなぜ入りこんでいたのかは、わかりかねる。災厄をはらおうという意味はわかるが、弥勒がこの地にやってくるということを、同時にうたっていたのかどうかはよくわからないのである。鹿島踊りの疫病除けの踊りが、現在は弥勒踊りの文句をうたっているのであり、実はこの鹿島地方を中心とした踊りの中に、別に弥勒踊りが併存していたことが予測されているからである。

弥勒鑽仰の踊り

弥勒踊りは分布からみると、やはり、茨城県の鹿島地方の周辺に代々伝えられている踊りである。弥勒踊りという言い方でまだ残っているものがあり、この踊りのほうは、神奈川県や静岡県にみられるような鹿島踊りとややちがう。この踊りを実際に踊るのは、おばあさんたちである。おばあさんたちが、お祝い事があると集まってきて、のんびりとしたふしをつけて弥勒歌をうたう。これをやはり弥勒踊りといっており、『鹿島志』などの文献に老婆たちの踊る絵が描かれている。

この『鹿島志』にのせられた記事をみると、現在の民俗芸能としての鹿島踊りとは趣がち

鹿島踊り（神奈川県吉浜町）

がう。五人の老婆がいて、二人が太鼓をたたいて三人は素手で踊っている。踊り手は女で、中年以上の女性であるという点が、鹿島踊りの神職姿を中心に踊っているものとはちがうのである。ただ、太鼓をたたいたり、鉦をたたいていること、また歌の文句が鹿島踊りと同じなのである。

この歌には、

よのなかは　まんごまつだい　みろくおふねがつづいたァ　ともへにはいせとかすが　なかはかしまのおやしろ　ありがたや　いきすおもりは　こがねしやだんうてかがやくうしろには　ひよきかみたち　まへはめがめをがめ　ござふねかんどりは　しじふおやしろ　おとにきくもたふとや　ひとたびはまゐりまうしてかねのさがふまかうよ　かねさこはおよ

びござらぬ　よねのさがふまかうよ　なにごともかなへたまへ　ひたちかしまのかみがみ

という文句である。

最近調査された弥勒踊りの文句によると、次の内容からでき上がっている。すなわち

其一（今日）

今日のお酒盛は。御しん様の御法楽。皆いつれ揃ひ申して拝み申す。何事も悪しきは避け給へ神様。

其二（めでた）

目出度めでたが三つ重なりて。門に七重の注連を張る。是のお庭の白躑躅《つつじ》。本は白銀中黄金。末の小枝に銭がなる。銭の恵みで朝日さす。朝日長者と名を呼ばれ。目出度めでたが三つ重なりて。門に七重の注連を張る。これのお家はめでたいお家。つるとかめとが舞い遊ぶ。つるは千年かめは万年。お家繁昌と舞い遊ぶ。親は百まで子は九十九まで。ともに白がのはえるまで。

其三（みろく）

世の中は万劫末代。弥勒の船が続いた。舳艫には伊勢と春日。中は鹿島の御社。ありがたや息栖お森は黄金社壇。打つて輝く後には。清き神等。前には女瓶男瓶。あの御座

船。香取は四十余の御社。音に聞くも尊としや。一度は参り申すべく候よ。金三合撤かうよ。金三合は及びござらぬ。米の三合撤かうよ。何事も叶へ給へや。常陸鹿島の神々様。

其四（御茶の礼）

是様の初の正月。門松門林。その松の一の小枝に。孔雀の鳥が羽根を休めなあ。両羽根に銭を並べて。口には黄金を咥へ居るよ。その鳥がまたもくるなら。末代長者で暮すものよ。

其五（みろく）

鹿島で美しいのは。御しん様のあのはいふじ。はい藤が咲きそろつて。御しん様に輝く。何事も叶へ給へや。常陸鹿島の神々様。

この五つの部分のうち、其三みろくが基本であることは分かる。この部分は、鹿島事触れの託宣を伴った鹿島踊りとして伝播したものであろう。神奈川県、静岡県下に伝わっている神事芸能の鹿島踊りは、しばしば弥勒踊りとの類似性が指摘されている。若者の活発な踊りをみせる鹿島踊りは、老婆中心の弥勒踊りと形態的には異なっている。

しかし文句の中の「世の中は万劫末代。弥勒の船が続いた」は、鹿島踊りの中にもすっかりそのままとり入れられている。

弥勒踊りのほうには、この歌が婚礼、出産、建築など目出度い儀礼の時の祝儀に用ていることは明らかであった。災厄や悪しきものを一切除去し、幸いを招こうとする意図がある。鹿島町須賀の弥勒歌の一節には、「村中、世の悪しきをよけて給い、おぶすな様。ヨイヤヨイヤヨイヤサ、悪まを払つて、ソラおぶすな大明神、悪まを払つて、ヨイヤサ　ヨホイヨイヤサ、村中何事もないように、悪まを払つて、ヨーイヤサ」(『鹿島みろく』二四～二五頁) とある。みろくといいながら悪魔払いをはっきりうたっている。

さらに鹿島町大船津の弥勒踊りというと、百万遍と同じものだと考えられている。百万遍は、この部落では正、五、九月の二十八日に村中総出で行なわれる。まず唱え言《ことば》は「南無不動大明王様、家内安全、商売繁昌、悪事災難をよけ給い」といい、ついで数珠繰りをする。これはもっぱら不動明王への祈願となっている。「お不動さまえ御法楽、我々もいさめもし　花のよはあそびさしあげ　何事も悪しきことは避け給い、南無不動様」とか、「お不動大菩薩悪まを払つて　ヨイヤサ」(前掲書、二一七頁) とあるように、鹿島明神の代わりに不動明王となり、この場合村の寺院普渡寺が導師の役割をつとめたことに意味がある。弥勒の表現は、とくにないのであるが、やはり人々はこれを弥勒踊りと称しており、百万遍に附随する儀礼とみている。百万遍の厄払いと弥勒踊りが容易に一致したところが興味深い。これは悪魔払いや災厄除けの機能を弥勒踊りが内包していたためである。

ところがこの文句は、実は鹿島踊りの文句と同じである。踊りの形態がちがうだけであり、どこかで両者が混合したらしい。鹿島踊りの歌の文句が弥勒歌であるということだけは、確かである。弥勒歌といっているから、この鹿島踊りも弥勒踊りも、同じ文句で弥勒歌をうたっているということなのである。おばあさんや女性が踊るほうがより古いものではなかったのではなかろうか。つまり、弥勒踊りは、弥勒を天から招く一種のシャーマンダンスと考えてよいのではないかということである。とりわけ霊魂は、女性の司祭者のほうにより強くのりうつるというのが基本である。弥勒歌は、そうした所作のために作られたものであろうが、鹿島信仰の中に包摂されていて、疫病をはらう役割をもつ段階で、かなり踊り方にも変化が生じたものとみてもいいのではなかろうか。

埼玉県南埼玉郡武里村の弥勒踊りについては、これを村人は、やったり踊りという。このやったりは囃し言葉なのであって、その内容は、現在では盆に若衆たちが円陣で舞う一種の念仏踊りである。ところが、この踊りを舞うに際し、大幣をいただいた先導者が進み出て、香取神社の前で、

神々の大伊勢なれば、みいろく踊り
おめでたや　おめでたや

と声高に唱えるのである。むしろこの後に続くのは、鹿島踊りにも使われる「世の中はまんご末代、みろくの船（または御代）が続いた」の唱句であったのであろう。時代的変化があって、欠落した部分が生じたのではないか。こうした現象は、神奈川・静岡県下の鹿島踊り

にもあることで、鹿島神人が強力に関与することで鹿島の地元で、弥勒踊りと称するものが鹿島踊りに統一されていったと思われる。

疫病送りを根底に鹿島踊りが流行したことはすでに明らかにされている。当初鹿島踊りとして世上に流布したものにはかならずしも弥勒の名辞が加わっていなかったのである。それは要するに鹿島から福を招来し、悪霊を払うわざおぎであった。伊豆大島元村の吉谷神社の鹿島踊りの際には、「鹿島さまからめでたい事がおんじゃれ申すわい、なんじゃなんじゃ、浜へ鯖鰹が巻上る」と歌い込めるのであるが、直接鹿島の事触れが関係していなくても、鹿島からの吉凶はつねに期待されていたものといえる。

『雲萍雑志《うんぴょうざっし》』には、

常陸の国風に、疫癘《えきれい》、麻疹《はしか》、痘瘡《とうそう》など流行の病あるときは、鹿島大神へ祈念して、里民歌を唄ひて踊ることあり、その歌に、誠やら伊勢と春日の御社。弥勒茶船がつづいた。舳艫には伊勢と春日の御社（下略）

とあり、鹿島地方の住民が踊る弥勒踊りのことをさしている。しかしこれが遠隔の地方までも流行するようになってくると、むしろ鹿島の地名の方が優先して、鹿島踊りの名称がより一般的になったように思われる。

ところが先にも触れたように、弥勒踊りの方は祝事を主に弥勒を鑽仰する趣意が濃いのであって、悪魔払いは含まれているものの、その文句は後で附加された傾向がうかがえる。鹿島踊りの形態とは異なる面もあることから、鹿島踊りと弥勒踊りの混同、吸収などが各地域にあったことは十分察せられる。鹿島踊りの本来は、やはり事触れの託宣舞と関係するだろう。それを受容する側の住民にとっては、吉凶の占いは当然幸運をもたらす結果を期待するのであり、全ての災厄を、鹿島踊りによって除去する意図の下に、鹿島信仰分布圏の中で求められたものである。

その場合、他の鎮送呪術的な儀礼と異なる点は、鹿島信仰が弥勒信仰を包摂して展開したことであり、それは鹿島の地が、何らかの意味で弥勒下生の具体的な聖地として潜在的に認識されていたためではなかろうか。

要するに、必ず「弥勒の舟」がくると、そしてその後世の中が永久に弥勒の支配する豊穣の世界になるという意味があり、それが基本であったことである。さらにこういう歌の文句を鹿島踊りの中で長く持ち伝えている地域があったということである。この鹿島踊りの中に弥勒仏が来臨してくるという、そういう発想をもっている点が注目されるのであった。これが茨城県から神奈川・静岡あたりで地域が限定されていれば、それはそれで説明がつくのであるが、実はこれに加えてもう一か所集中的に現われてくる場所があった。

二　鹿島と沖縄・八重山地方

沖縄・八重山の弥勒

それが沖縄県の八重山地方なのである。この八重山地方に弥勒踊りを中心とした大きな豊年祭、豊穣を祈る踊り、すなわち弥勒踊りが残されている。柳田国男は、鹿島と八重山という位置に注目したのであった。すなわち『海上の道』の中で、沖縄の八重山と茨城の鹿島に、同じ歌をうたう踊りが残っている、ということに注目してこの両者をつなげる海上の道として、一つの構想を提示したのであった。つまり、定住の地を求めた海民がだんだん東漸して鹿島のほうにやってきた。さらにそのうらづけとなるのは黒潮であった。たしかに鹿島のちょっと北あたりで黒潮がストップする。そして親潮が北からくるわけである。この寒流と暖流が合体する、そこが漁場として栄えるわけであるが、そういう黒潮の北辺の地帯に沖縄の南方の文化がそのまま伝えられてきた、というふうに柳田国男は考えたのである。さて沖縄のほうで伝えられている歌の文句は、鹿島地方の踊りと大差はないのであるが、沖縄のほうは「弥勒世《みろくよ》」ということを伝えているのである。

沖縄地方の弥勒といえば、沖縄全域というわけではないが、特に豊年祭の中で来訪神としてえがかれていることで知られる。鹿島の弥勒は、十三小姫という女性（＝巫女）が「弥勒

豊年祭ミロク（石垣島）

のお舟」とかかわって、米に象徴される豊穣をもたらしてくれるという観念に支えられており、巫女の存在、神がかりの存在を前提にしている。

弥勒の仮面

ところが沖縄の弥勒踊りの場合には、弥勒仏の仮面をかぶった姿の人々が現われてくる。とくに豊年踊りの中に、弥勒仏が具体的な姿をとる。その弥勒面はたいへん特徴がある。それは巨腹の僧形で、いわゆる福相をしたほてい姿なのである。中国の唐末に、布の袋を持った坊主が民間を歩きまわっていた伝承的事実があった。

布袋信仰

中国で布袋《ほてい》和尚といえば、民間ではさまざまな奇蹟を行なう僧なのであるが、それがいつも子供を連れて歩いているという言い伝えがあった。なぜ子供を連れて歩いているのかということであるが、大きなお腹がどうもそれと関係しているらしい。現在でも、台湾などへ行くと、観光地に巨大なほてい様が突っ立っているし、土産品に布袋が呵々大笑する像が名物として売られている。ほていのへそのところには穴があいていて、へそを通して向こうが見える。巨大なお腹で、男であるが、腹の中に再生できる分身をたくさん持っているということを象徴するらしい。子供をたくさん連れて歩くということと、弥勒の分身が化身の形で歩きまわるということとが、どこかでつながっているといえよう。実際、布袋の辞世の偈に「弥勒真弥勒、分身千百億」という言葉があり、布袋が弥勒の分身であったことが分かる。

布袋像

これは中国に展開した民間信仰であるが、朝鮮においてもこれとよく似た弥勒伝説が伝えられていた。

趙漢俊弥勒

それは趙漢俊弥勒というもので、趙漢俊は自分の全財産を投げ打って水路を作ったり、橋をかけたり、ちょうど日本の聖と同じような行為をしていた。一切の財産をつかって、世のために一生懸命働いたのである。その結果、残った財産が七文であった。その七文で一足のわらじを買ったというのである。この趙漢俊はやがて死んだが、それから三日目に、空中から「趙漢俊は弥勒となって出世する」という声があった。その声のしたところに村人が行くと、一個の石の弥勒が大地からわき出していた。そこで、そこへ覆いの小屋を作った。ところが、その弥勒仏はだんだん大きくなって、やがて小屋の天井を突き破って、伸びていった。人々はその趙漢俊弥勒にお祈りすれば男子を得る、といってお祈りする。そして、この弥勒のお腹はだんだんふくらむというのである。また、趙氏一門の女性は、弥勒のお腹と同じように大きくなるという。つまり、妊娠しやすい体質の女性が生まれてくるというわけである。あるとき、だれかが弥勒のお腹を突き破ったら、趙氏一門の女性のお腹もやはり痛くなったので、元にもどしたというのである。お腹がふくれるというのは、再生、つまり、何人も子供が生まれてくるということを象徴するようである。

日本の場合、たとえば室町時代の『梅津長者物語』の一節に、

又ここに門をホトホトと打叩き、物申さんと言ふ声す、誰にかと富永立ち出で見れば大きに肥えたる法師の布のふくろ肩に打かけ胸あらはに腹をつき出し、団扇を手に持ち足駄をはき給えるが（中略）十一、二ばかりなる童部その数多くあとにつき物申さんとのたまふに、何処よりと申せば是は震旦金山寺の布袋和尚とは我か事なり、御身心清浄にして仏の心にかなへる故ただ今ここに来れり（下略）

とあるように、これはあくまで中国の布袋で、一見聖の姿としてとらえられている。

しかし、このモチーフは民間にはあまり伝わらないで、むしろ中国の布袋信仰の一部として受け入れられたまま、代々伝播されていたのであろう。

布袋信仰の伝播

布袋の仮面が沖縄に伝播して、同時に子だくさんの布袋弥勒というイメージが沖縄にも伝えられ、それが豊年踊りに現われている。これは明らかに人間の生殖行為と、農耕の豊穣ということが結びついた結果である。稲の豊穣と中国の布袋信仰とが重なった形で、ここで表現されているのは、やはり、日本における受容のあり方を示すもののようである。豊年踊りの中で弥勒が巨大なお腹をして、子供を大勢引き連れて歩いている姿と、中国、朝鮮などで伝えられている布袋＝弥勒の考えが類似した構想をもつ形となっているわけである。布袋弥勒が現われるときに、沖縄では弥勒世が現われるという文句をうたうわけであるが、こういう弥勒の現われ方は、明らかに弥勒の化身がこの世に出現してくるという発想をもっているといえる。

日本の本土のほうに広がっている弥勒踊りの中には、こうした具体的なイメージが一切ない。日本の本土では、民間のレベルにおいても、いぜんとして具体的イメージが弱いのである。何か具体的な姿で、これが弥勒であるという形で表示するものが、非常にうすいということがわかる。

弥勒下生という言い方から考えると、沖縄と鹿島が一致するということと、海の向こうから弥勒が現われてくるということ、これがそれぞれ重要な要素をもっている。鹿島踊り、弥勒踊りという鹿島信仰を説明する場合に、条件としては海の彼方から救い主が現われてくるということが基本にあった。したがって、宗教的要素としては、メシア待望の表現の一つの現われであることは間違いない。ただ、日本の海岸部の東海に面する地方においての弥勒下生の形態は、それがいっそう具体的な形で展開していないというだけなのである。

「弥勒お舟……」を宗教運動のレベルでみた場合に、第二章で述べたように、たとえばメラネシアで起こったカーゴカルトの形態と比較することができる。カーゴは、白人が船や飛行機で運んできたたくさんの交易品——荷物や貨物のことである。つまり、具体的には、船来品が幸運をもたらしたという形で、それが災厄を除去する運動として展開した。「弥勒お舟」というのも同様で、たくさんの財物を運んでやってくるのであるが、その財物が実は、豊穣をもたらすものばかりである。征服者にあたる白人がともなってきたというわけではないのである。この「弥勒お舟」は、完全に幻想としてのものであって、植民地政策支配を受けるというような形で日本には現われてはきていない。したがって、それが社会不安をまき起こすというように展開するものにはならない。

次に、踊りの形態を比較するときには、ゴーストダンスを予想するという指摘もある。ゴーストダンスは北米インディアンの社会において、白人に対する抵抗運動としてインディアンが反乱を起こすときに、熱狂的に踊った踊りであり、はげしく踊りながら幻想状態におちいるものである。

ゴーストダンスは、インディアンの部族でさまざまのよび方をされているが、踊る時には円舞をとる。まるく輪になって円形になって踊る。人々は幽霊衣、ゴーストシャツというものを着、トランス状態、神がかった状態になってはげしく踊ってゆくという。

この踊りのあり方は、形態的には民俗宗教の中に出てくるメシアニズムとかミレニアムに類似した形態をとっているといえよう。日本の鹿島踊り、弥勒踊りも、海の向こうからの舟に満載された宝物を期待しながら、熱狂的に踊るという形をとるのであるが、その中身を吟味してみればわかるように、これは全く支配者をたおすというような形ではないのである。

特に白人支配を受けて、それに抵抗する運動というような条件は、ぜんぜん欠けているわけである。ただ一つはっきりしていることは、鹿島を中心に私年号を設定したことであった。これは天皇制がもっている公年号と対立するものである。私年号という形で「弥勒の年」を実現するという意図が、最初の出発点にあったのかもしれない。しかし、私年号にしても、結果的には公年号の体系に位置づけられてしまうものであるから、それが弥勒信仰の中から出てきたことは間違いないが、具体的な姿は天皇が支配している国をひっくり返すという形ではないのである。つまり、それは民俗芸能という形で年のはじめに「弥勒のお舟」がやってくるということを、歓喜して踊るというものであって、沖縄の場合には弥勒がゆたかな稲米をもたらしてくれるということでの、豊年祭となる。そしてこの場合には弥勒が布袋の姿をとるという特徴をもつ。したがって鹿島の弥勒と布袋弥勒は、形態的に非常に似ており、そこに熱狂的な踊りを伴い、財物を満載する舟がやってくるという点においては、世界的な比較に耐え得る土着宗教運動の形態をとっているわけであるが、決定的な形でラジカルな宗教運動になりえていないということが、この段階においてもいえるのである。

鹿島と沖縄の比較

次にこうした踊りが、鹿島地方と沖縄の二か所にわたって、同時発生的に起こったものなのか、どちらかがどちらかに影響を与えたものなのかという点が、しばしば問題になってくる。柳田国男は「海上の道」という形で南島にあるものが北に移ってきたという考え方をとったが、そうではないのではないかと説く立場もある。それは、日本の本土で広がっていた弥勒歌が、鹿島のほうから沖縄のほうに輸出されたのではないかという考え方である。酒井卯作氏は、本土の弥勒信仰に深い影響をうけて、沖縄八重山の弥勒踊りができ上がっているのではないかという。その根拠として、江戸時代の初期にうたわれていた鹿島踊りの文句の一節に、「五尺てぬぐい　いよこの中染めて　おれにくりより宿におけ　宿がよければ　名も立たぬ」とあるのをあげている。この歌の文句が、八重山の弥勒踊りのなかにもうたわれているのだというのである。「五尺てぬぐい……」という歌の文句が、一七世紀から一八世紀のころに本土のほうから沖縄のほうに伝わっていった。したがって、弥勒踊りも、その歌が、沖縄のほうに伝播してゆくというルートがあったのではないかと考えたわけである（酒井卯作「ミロク信仰の流布と機能」『南島研究』一一号）。

これはある程度考えられることであろう。近世、島津藩の勢力の中に沖縄は入っており、特に薩摩の武士たちが、支所のあった八重山に赴任していたときに、江戸のあたりを中心にうたわれていた鹿島踊りの歌の文句を、一緒にはやらせたのだという。このことは、否定はできないわけであるが、先ほど言ったように、「弥勒のお舟がこの浦に着く」というモチーフの文句は沖縄にもあるし、鹿島にもある。ただ「弥勒世」というような形で歌をうたっているのは、沖縄のほうではっきりしており、鹿島のほうは「弥勒のお舟」といっていて、「弥勒の世」とはいっていない。

そこで、この鹿島でうたっている歌の文句と同じものをずっと追いかけてゆくと、淡路島あたりまではかなりはっきり残っている。沖縄のほうには、必ずしも「弥勒のお舟」の歌の文句は表われていない。歌の文句だけを比べてみると、ほとんどの歌について、鹿島地方の歌がそっくり沖縄に流れていたというようには断定できないのである。たまたま「五尺てぬぐい中染めて」というはやり歌が、沖縄に伝わっていたということはいえるが、「弥勒のお舟がやってきた」という文句はその中にはうたわれていない。したがって、鹿島から沖縄へ伝播したと容易にはいえないのではないか。むしろ沖縄地方では海の向こうから豊穣をもたらす弥勒が現われてくるというように考えたのであり、鹿島地方は鹿島でやはり海の向こうから救い主が現われてくると考えていたのだろう。

つまり、同じような考え方が、自然的な条件下で、海の向こうに思いをはせる人々の世界観の中にあったと考えていいのではないかと思われるのである。

外来信仰受容の態度

弥勒信仰が民俗の中にうけとめられるときに、阿弥陀浄土と兜率天浄土というような対比があった。この二つの浄土観は垂直思考と水平思考にもとづいているといえる。それは山の上に浄土を考える場合と、海の向こうに考える場合と二通りということの反映といえるのではなかろうか。そこで海の向こうからやってくるというように考えるのは、明らかに、沿岸部で海をたえず見ている人々が考えるわけであるから、そこに定着する人々が海の向こうに独自の異郷を考えていたという点は明らかであろう。

常世のイメージ

換言すればそれは、常世《とこよ》であった。「常世の国」というのは、海の向こうにあるすばらしいユートピアであることは明らかであった。『日本書紀』巻一の、少彦名命が熊野のみさきから東海の国に去ったという話は知られており、「伊勢の国は常世の浪《なみ》の重浪《しきなみ》帰《よ》する国なり」といった。つまり波が常世から押し寄せてくるというイメージがあるのである。和歌山県の熊野の突端、あるいは伊勢、そういう海辺の地点から常世の国に行くことができる。海の波をへだてた遠い異郷が存在しているその国は永遠の生命をもっている国である。常世の国と現実の世界が、たえず往来を繰り返しているということなのである。折口信夫が海のかなたに日本人の原郷の存在を詩的な感覚でとらえたことは有名であり、そのことは否定されるべきものではない。

海の向こうに行けば、何かすばらしい世界がある。「常世の国」は気候がたいへんよくて、物質が豊かですばらしく住みよい国で、そこに住んでいる人は活力に富み、その活力は、たえず現実に住んでいる人間が求めるものだったということなのである。興味ぶかいことは、『常陸国《ひたちのくに》風《ふ》土記《どき》』の中に、「古の人常世の国と云へるは、蓋し疑ふらくは此の地ならむか」として、つまり昔の人は鹿島の地帯一帯を常世の国と考えたのではないか、というふうに説明していることである。

鹿島神宮

これは要するに、東のはての国というイメージが、海の彼方の「常世の国」とちょうど境に接する地点だとする。そういう境に接して、その地点から常世の国に行くことができるのが、具体的には鹿島なのである。そういう地点に海の向こうから、つまり、「常世の国」から神霊がやってくるという信仰があったのである。その神霊が弥勒菩薩と表現された。弥勒下生という考え方は仏教の世界にあるわけであるから、そういう仏教的な思考と、前述した「常世の国」から救い主が現われてくるという日本の伝統的な思考とが結びついた。その接点として、鹿島という地域が、具体的に歴史的な事実として現われてきたと考えていいわけである。このように、鹿島地方とか、また別に真言宗の高野山であるとか、吉野の金峯山周辺の山岳地帯を弥勒下生の地と定める考えがあったわけである。具体的な弥勒信仰のセンターになるような地点が、ちょうど時代の移り変わる時期に固定化してきたのであった。平安時代の末期には高野山が、弥勒の浄土になると考えられていたのだし、戦国時代の末期、一六世紀ぐらいには、鹿島あたりに今度は海の向こうからやってくる弥勒を想定したのである。

海上彼方の世界

こういう考え方のもとに、弥勒は仏教上の宗派をこえて、民間の社会の中に定着してゆくということを示してくるわけである。海の向こうから神霊が繰り返しやってくるという思考が基本にあるから、それが弥勒様だというふうにおきかえておかしくない、という仏教側からの習合がすでにあるわけである。これが日本の民間信仰の中に現われて、しかもそれは中世末から近世初頭にかけての弥勒信仰の具体的な姿と考えられる。

海の向こうにすばらしい世界があるという考え方、それから山のはるかかなたにすばらしい国があるという考え方、この二つの異郷に対する考え方が、仏教上の弥勒信仰からいうと弥勒浄土が、海の向こうにもあるし、山の上にもあるというような形でオーバーラップしてきているといえる。そのどちらに具体的なメシア像が出ていたかというと、その両者にあったのである。鹿島の場合には、鹿島の事触れがそれに該当し、真言宗の場合は聖とか行者とか、弘法大師が死んだあとの衣鉢を受けた民間の宗教者たちの中にそれが強く秘められていた。この両方が異人として一般の定着民の間に受けとめられてきた。それがすなわち、弥勒信仰というものを背景にした民間信仰のメシアの具体的な姿につながってくるということになろう。

第六章　朝鮮半島と沖縄の弥勒

一　朝鮮半島の弥勒信仰

朝鮮神歌と弥勒

朝鮮巫歌の中に、とりわけ創世歌と称するものがある。かつて孫晋泰《ソンジンテ》によって編まれた『朝鮮神歌遺篇』にそれは収められており、たいへん興味深いものである。

この中には、朝鮮民族が潜在的にいだいてきた弥勒信仰の世界観が描かれているように思える。その内容を、以下、かいつまんで説明しておこう。

そもそも世界のはじまりについては、弥勒が天地を創造したと説いている。弥勒がこの世に誕生して、衣食住を造り、火と水の作り方を工夫した。最後に人間を創造するが、その場合、金の虫から男を、銀の虫から女を作り夫婦とした。その後、次の文句がつづいている。

歳月《よのなか》が泰平にして。
然るところを、釈迦さまが生れ出て、
この歳月を奪ひ取らんとせば、
弥勒さまのお言葉が、
まだまだ私の歳月で、お前の世には成れない。

釈迦さまのお言葉が、
弥勒さまの世は過ぎた、
今度は私の世を作らう。
弥勒さまのお言葉が、
お前（が）私の世を奪はうとするなら、
お前と私と賭《か》け事をしよう。

ここで明らかなことは、「弥勒の世」というのに対して、「釈迦の世」が対立概念として設定されており、両者の間に争いが生じていることであった。

その争いは、両者の間の賭けとして記されている。

第一の賭けは、東海中に弥勒が金の瓶を金の綱で吊し、釈迦は銀の瓶を銀の綱で吊した。そして、どちらが先に切れるかを争い、先に切れたら負けとした。そこで釈迦の綱が切れ、釈迦が負けた。釈迦は再度勝負をいどんだ。それは成川江という河に夏に氷を張らすことができるかどうかというものである。弥勒は冬至前に凍らせ、釈迦は立春に凍らせることができた。ここでも弥勒が早く勝ったわけである。なお、咸鏡北道の長淵という湖では、この池水が冬至前結氷すると大豊作、冬至後結氷すると凶作だという、一種の年占の習慣があったといわれている。

いよいよ釈迦は三度目の勝負をいどむ。それは両者が寝ている間に、膝の上で牡丹《ぼたん》の花を咲かせることができるかどうかというものであった。弥勒は先にぐっすり眠ったが、釈迦はひそかに様子をうかがい、牡丹の花が出てくるのを待っていた。そうしたら、案の定、弥勒の膝の上から牡丹の花が咲いてくるのを見つけた。釈迦のほうには咲いていないわけであるから、完全に釈迦が負けであることがわかった。そこで弥勒の膝の上に咲いている花を手折って、釈迦は自分の膝の上にそれを差しこんで寝てしまった。やがて二人が目をさましたならば、釈迦のほうに牡丹が咲いているわけであるから、釈迦が勝ったということになった。

つまり、だまして釈迦が勝ったわけである。弥勒は、自分がだまされたことはすでに知っていた。たぬき寝入りした釈迦がそういうふうにしたことを知っていたのであるが、この対立にすっかり嫌気がさしてしまっていて、釈迦に世界を譲ることにした。そして、次のように予言した。「きたならしくて、けがらわしい釈迦よ、お前の世になったら世の中が乱れる。家ごとにキーセンが出てくる。家ごとにやもめが出てくる。家ごとにミコ、ムーダンが出てくる。家ごとに逆賊が出てくる。家ごとに白丁(下層民)が出てくる。お前の世になると、いろんな悪い生物がたくさん出てくるし、坊主も悪い坊主になってしまう。つまり、けがれに満ちた世界になるだろう」――こう述べて弥勒はこの世から姿を消してしまい、行方がわからなくなってしまった。そして、その弥勒の予言どおり、世界はだんだんと乱れに乱れてきて、僧侶もお互いに憎しみ合うようになり、禁じられていた動物の肉までも食べるような状態になってしまった。そして最後には、二人の僧だけが生き残った。その二人の僧は肉を食べなかったので生き残ったのである。そういう終末の世界になったので、そこで釈迦もすっかりあきらめてしまって、弥勒にもう一度出てきてもらって、世の中を支配してもらおう、という決意をする。

つまり、始源にあたる「弥勒の世」が理想的な世界なのであるが、「釈迦の世」という、現実のきたならしい、汚濁に満ちた世界がやってきて、この世の中が終末になり、そのあと弥勒が現われてくる、という二つの対照的な世界が対立し合う、という内容であり、これが創世神話として巫女＝ムーダンによって語られていたのである。

二つの世界の対立

こういう考え方から言うと、二つの世界の交代を意図することを前提とした朝鮮民族の潜在的な考え方が、かなり強固にあることがわかる。これが新宗教運動の中に胚胎して、反体制的な要素をもつ場合の大きな根拠になっているようである。朝鮮の宗教運動というと、東学党とか天道教の存在がよく知られている。いずれも一九世紀の後半に、そうした宗教運動が興ってきている。そして、それら新宗教の思想的な軸には、現実の世界が後天の世界になったという認識があった。

これに対して、その以前にあるのは先天の世である。ちょうど、ムーダンの神歌の中に、「釈迦の世」と「弥勒の世」の対立を考えたのと同じ発想であろう。先天の世があって、さらに後天の世があって、現実は後天の世界、つまり仏教上の考え方によれば「釈迦の世」になったという理解である。後天の世界になって次第に追いつめられてくる。この追いつめられた時点で新しい救い主が出現する。後天の世界は、救い主がきて、次第に改まってくるということを説くわけであり、新しい教祖が、自分は弥勒の生まれ代わりだという形で出てきているのである。

新都建設

したがって、たとえば、全羅北道にある金山寺には大きな弥勒の仏像が現在も祀られているが、その金山寺の弥勒仏の霊魂が乗り移って、自ら救世主になったと説いている新宗教教団もあった。こういう新しい教団がつぎつぎと生まれて、一つの都を建設した点が大きな特徴であった。

金山寺弥勒殿

朝鮮半島のほぼ真ん中辺にある鶏龍山の周辺に、新都ができるということがその基本にある。これは新都建設運動と一括される。

新都は李王朝が滅亡したあと具体的に現われるという予言のもとに造られたものであった。李氏朝鮮は、朝鮮歴史から明らかなように、東学党の乱を契機とし、かつ日清・日露の戦争を経て、一九一〇年の日韓併合と同時に歴史を閉じた王朝である。日本の植民地支配がそれから始まったのであるが、そのときの予言には、倭《わ》王三年を経て、鄭《てい》王が出現するという。李氏が国を支配した後、鄭氏が出てくる。この鄭氏が出てきて、新しい都が現実のものとなる。倭王三年というのは、明らかに日本の朝鮮総督府である。この予言は朝鮮に古くから伝えられている『鄭鑑録《ていかんろく》』という予言書の中の予言に基づいているのであった。

『鄭鑑録』の世界

すでに村山智順は、朝鮮に行なわれていた民間伝承の予言は、国家の興亡と隆替に関するものが多く、これは易姓革命を志向する朝鮮民族の思考によると指摘しており、興味深いものがある（村山智順『朝鮮の占卜と豫言』昭和八年）。

冬雷が鳴ると国に大災難が起こる。
虹が太陽を貫くように見えると国に凶事があるという。
日蝕は国に大乱起こる前兆なりという。
一月十五日の月が非常に赤く見えると国に乱がある。
太陽の周囲に星が現われると国に変がある。
彗星が見えると戦争が起こる。
地震があると国に大禍があるという。

日月星辰の異変を、兵乱や国難に結びつけて予兆とみる考えは、古代社会においては必ずしも珍しいものではないが、朝鮮ではこれが、かなり後代に至るまで、民間伝承として口碑になっていた点が目立っている。こうした予兆が底流にあって、国家興亡の予言がしばしば強調されてきたのである。とくに王朝の交替の時期にあたっての予言に人々は耳目をそばだてているのであった。たとえば、百済滅亡に際し、一鬼が宮中に出現して、「百済亡、百済亡」と叫んだこと、地中から出土した亀背に「百済円月輪、新羅如新月」という予言文字があったことが、国運隆替の予兆ともみられていた。

高句麗滅亡に際しては、「後有二神人一、現二於高麗馬嶺一告レ人云、汝国敗亡無レ日矣」（『三国遺事』）、すなわち一神人が、馬嶺に現われ国の滅亡を予言したというのである。

李朝五百年の間に、数多くの予言があったが、異彩を放っているのは、都に異人が出現して国難を告げたというものである。白岳の夜叉と称された異人は、笠をかぶり、破れ靴をはき汚れた衣服を着け、狭い袴《はかま》を股のあたりにまきつけ、巨大な顔、身長は一丈五尺、なまぐさい臭いを放ち、真赤な口を開いて、何やらべらべらしゃべりまくったという。その内容は、明年大乱が起きるというものだったという。白岳は京城の北方にそびえる高山である。鬼とか神人、夜叉という非日常的存在が、国難を告げるために都を訪れてくるというモチーフがここにはある。

さて、『鄭鑑録』は、民間に伝承されているもっともポピュラーな予言書といわれている。李朝の滅亡をより強く訴えるものであったために国禁となり、民衆の間にひそかに伝えられてきた。

この中で、一般に『鄭鑑録』というのは、「鑑訣」という部分に記されたもので、これは李氏が滅亡したのち、鄭氏が鶏龍に起こると予言している。

『鄭鑑録』の予言

ところで、一九一九年（大正八）、パリ講和会議において、アメリカ大統領ウィルソンは、民族自決主義を唱えた。そして朝鮮に三一運動が起こり、ここに『鄭鑑録』の変革意識がよみがえってきたのである。仮の政治が三年、そして仮の鄭氏が治めるというその三年は、ちょうど朝鮮総督府が三代終わったあとの一九一九年にはじまるのである。そういうことで、鶏龍山を中心にして朝鮮独立運動と呼応する宗教運動が、明らかな形態をとって現われてきた。これが一九一九年から三年後、つまり大正十年をキイポイントにしていることが注目される。この大正十年は、いわゆる辛酉《しんゆう》の年であり、この年は革命の年にあたる。すなわち、辛酉革命の年と一致してくるということで、朝鮮の伝統的な予言信仰である『鄭鑑録』と外在的な

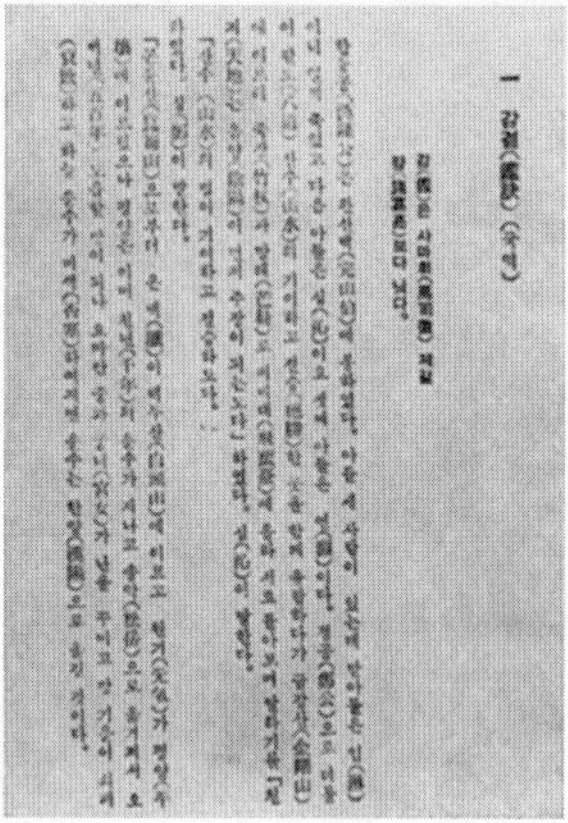

鄭鑑録

条件とが重なり合って、新たに鄭氏朝鮮が構想され、それが出現するであろうというように朝鮮民族は考えた。

たとえば、一九二〇年の十月二十九日、朝鮮では月蝕が見られた。それは暗黒の闇夜であるが、午前零時ごろから暗黒の月の片面が明るくなってきた。これはまさに朝鮮独立の前兆だと人々はみた。また、一九二〇年十二月以来、白昼に月星が出現した。これは太陽と光を争うということであり、月星はアメリカである。つまりアメリカと日本が戦争をする、アメリカは朝鮮に入り、日本を駆逐するであろう。それによって朝鮮は独立するという説が流布していた。一九二一年三月十二日午後七時三十分から八時三十分までの間、不思議な光が発した。これは日本の天皇が海の中に落っこちて水死する兆しであると人々は考えた。同じく一九二一年三月二十四日、朝鮮の全羅南道の上空に大将星という星が出現した。この星が現われるのは、ちょうど豊臣秀吉が朝鮮侵略のときに出現したのと同じ前兆であると信じられた。これらがいずれも新都出現、すなわち、新しい王と都の誕生という考えの裏づけとなって、人々に意識されていた。

つまり、『鄭鑑録』の予言がかなり強固に、朝鮮民族の中には位置づけられているということであって、新都ができあがってきて鄭氏が現われてくれれば、朝鮮は独立するという考えであった。

実はこの鄭氏にあたるものが問題なのである。鄭氏と称されるものは、こうした伝統的予言によって保証された存在であり、それは一種の潜在意識として伝承されているのである。

こういう世界が現われてくるというふうに、人々が説くわけである。ところが現実はそういかず、鄭氏を名乗る人は出てきていない。朝鮮総督府が去って、独立後は李承晩《イスンマン》であるから、李氏になっている。その後は朴大統領であり、朴氏暗殺後は崔《チェ》氏となり、その後は誰になるのか。もし鄭が現われると、予言どおりになってきてはなはだ微妙である。ところで当時、鄭であると名乗る人々が当然、幾人も出てきていたらしい。こうしたものの考え方、つまり二つの世界の交代ということを考えつつ、新たな都が出現するという説き方をする。しかも『鄭鑑録』なる予言書を、民間において秘書として持っている予言信仰が、朝鮮の民俗文化の中で指摘されるわけである。

ところが、この点を日本のあり方と比較してみると、日本の民俗宗教には二つの世界が対立・交代するという考えがどうもはっきりしていない。いまが最悪の世界であるから、新たな世界が次に出てくるのだというふうな思考へと展開していない。だから、世界観としてとらえる場合に、日本の場合は一体何が基準になっているのかということで問題となる。こういう世界を支配する存在が、弥勒であるか、釈迦であるか、それとも先天であるか、後天であるかというような考えで、次の時代を設定するという構想のされ方はない。具体的に考えて、朝鮮民族の場合と対応した場合、どういう形をとっているのであろうか。

弥勒十年辰の年

たとえば、「弥勒十年辰《たつ》の年」という表現がある。辰につづく巳《み》の年に、飢饉・凶変が起こり、その後、豊年の世界になる。その時、弥勒菩薩が出現するから、この世が救われる、という考え方がある。こういうことを説いていたのはだれであったのかというと、それは、たとえば三《み》河《かわ》万歳《まんざい》であったし、それから鹿島の事触れであったわけである。「弥勒十年辰の年」と説く考え方の底流には、そうした説き方を繰り返し繰り返し求めている潜在意識があった。これは世界の交替ではない。追い詰められた年がきて、また元に復するという、この繰り返しのあり方が、儀礼的には十二年に一度ぐらいずつやってくるという。そこでは権力の支配者が交代するという考え方でもない。いちばん基本になるのは、弥勒私年号という設定の仕方であって、「弥勒十年辰の年」というのは、「弥勒二年」あるいは「弥勒三年」という私年号の認識から出発していたといえるだろう。

　この時点を、仮に巳の年だとすると、十二年に一度ずつやってくることになる。江戸時代の記録を見ると、延宝五年（一六七七）をはじめとして、元禄十四年（一七〇一）、正徳三年（一七一三）、享保十年（一七二五）、元文二年（一七三七）、寛延二年（一七四九）、天明五年（一七八五）、天保四年（一八三三）等、いずれも十二年に一度起こる巳の年飢饉というのがあった。最後は明治二年巳の年。これらがいずれも、日本的に考えたこの世の終わりの年なのである。

　こういう年が古老たちの記憶の中にあって、これが最終的には飢饉の年であるけれども、その年を元へもどすために、一つの呪術が行なわれる。その呪術は、弥勒に来てもらって助けてもらうということを意識しながら、実はドンチャン騒ぎの宴を行なうのである。たとえば、いわゆる厄除けのお祝いのような祭りである。正月をもう一度繰り返す流行正月のような祝事をすることによって、年をもう一度重ねて次の年に切りかえてしまう。手軽でインスタントな発想といえる。不運な年なら、来年やり直せばいいではないかと考える。世界が大きく交替するのだというような観念に達してはいないのである。いわば二つの世界の交代という観点が欠除していることになる。

ところで、日本型の右の表われと比較した場合、朝鮮における潜在意識をみると、新しい都を建設しようといっているが、それはきちんとした構想のもとに作られるものではない。しかし、新都建設運動を精神的に継続させていこうとしている。現実にはソウルが首都であるが、この都ではなくて、別に半島のほぼ中央部にある鶏龍山の麓で、支配者が意図的にやったのではなくて、民衆が主体的に集まってきて、新宗教教団を作りあげ、そこに住んでユートピアの出現を待っているのである。そこには学校もできたし、保育所もある。信者だけが結集している。こういう形式をもった宗教都市は、他の場所にはない。日本の天理市は若干それに近いが、天理教の信者は天理市で全人口の三割から四割くらいだという。その他は商売を目的に定着した人々である。

ところで、韓国の新都にはいくつかの新宗教教団が、個々バラバラに集まってきており、それぞれ教祖を別々に戴いており、ここに定着している。しかし、これを統一する基準は鄭氏の存在であった。鄭氏がこの世に出現すれば世は救われると信じられていた。

日本の場合は、どこに焦点があるのかといえば、「弥勒十年辰の年」という表現に象徴されるであろう。日本型の場合、二つの世界を対立させて、片方が一方の世界にとって代わる。その際、一方に「弥勒の世」を設定するという。そういう構想が明確でないという点が指摘される。それが具体的な宗教運動に展開しないという大きな理由になるのであるが、ただここで言えるのは、日本の場合、飢饉の年がはっきり意識されていることである。定住している農耕民は、自分たちの世界が破滅するということを極端に恐れているわけであるから、それが終末に相当する。飢饉には凶作と、それに伴うさまざまな災厄が訪れるわけで、農耕世界の一つの秩序が崩壊することになる。それを防がなくてはならないという意識はきわめて強いものである。

そういう意識の内側から、自分たちが何かやろうと思っているのであるが、日本の社会は徹底的危機に追い詰められたという認識に至らない。飢饉で全員が死亡することはありえないのである。どういうわけか飢饉で農村側がだめになっても、漁村のほうは豊漁なのである。したがって餓死を防ぐ動物性たんぱく質の魚類は十分あるわけである。主食は、米を常食していたわけではなく、五穀の類、麦、粟、稗、黍《きび》、イモなどを食べているから、仮に米を食べなくなってもけっこう生きていける。それから、農民は隠し田を持っていたから、公年貢として奪われても最低食べる物だけは結構あったようである。八公二民などといって、表面的に追いつめられているようであるが、依然として農民は生き延びることができた。しかも凶作はめったに二年とは続かない。凶作のあとに必ず豊作になる。この繰り返しが自然の摂理によるものかどうか不思議なのである。日本の土壌はよく恵まれているという。いかに凶作が続いても、また気候がよくなってきて、米は豊かにできる。水害のときも、また昨今の水不足などといっても、日本中ひっくり返るような大騒ぎを起こしておいて、いつの間にかケロリと忘れてしまう。そしてまた夏になると大騒ぎをする。そうした繰り返しは、ひと昔前の、米飢饉などといって、大騒ぎしながらも生き延びられるという感覚に通じてくるものであろう。

一方、日本国内は交通網が発達しているから、危機状況になりながらうまく陸と海とが交流し合って切り抜ける。こういう生活能力が永い間に根付いていった。追いつめられてまったく新しい世界を構想して、そこに再生しようという思考になってこない。ズルズルベッタリといきながら、また、豊作の年になり、凶作になり、その繰り返しを何度もやっていくわけである。心の中では辰の年と巳の年の折り目に対して、恐怖感を抱いているということはあるが、それはまた元へ戻っていくものだと思っている。「弥勒十年辰の年」という発想で、飢饉を終末に結びつけようとする意識があるという程度にとどまる。構想雄大な世界観がここには生まれていないのである。

しかし、日本の宗教社会の中には、弥勒の生まれ代わりと称するものが少なくとも二人出てきていた。先に第三章で中国の反乱・民衆運動を考えたとき、一年のうちに二人も三人も弥勒の生まれ代わりが出てきており、一方では布袋《ほてい》のように弥勒の化身と称して歩きまわる行者もいた。日本の場合には、入定ミイラの中から現われてきた弥勒があった。これは富士行者の身禄《みろく》という人物であり、もう一人は近代日本の大本《おおもと》教の中で弥勒の生まれ代わりを主張した出口王仁三郎《でぐちおにさぶろう》であった。日本ではこの二人が弥勒の化身として代表的である。日本の宗教運動を語る際には、富士講の身禄（弥勒）と、大本教の出口王仁三郎＝弥勒は無視できないであろう。この二人は、一応、東アジアの中で弥勒信仰を比較する場合の基準に達しているということになるであろう。この問題については、後章で説明するつもりである。

二　沖縄の弥勒信仰

沖縄のミロク神話

次に沖縄の弥勒信仰を問題としたい。それはなぜかというと、沖縄には中山王《ちゅうざんおう》がいたわけで、聞得大王《きこえおおきみ》という巫女王と対になる王権の存在があった。近世に王位は薩摩藩の中に統合されてしまって消滅したが、沖縄の宗教を支配する霊力はつづいており、したがって、沖縄という一つの民俗文化体系が存在したのである。当然、その中にも弥勒信仰が発展してきたわけである。沖縄の弥勒信仰には意外と特徴的な問題がある。

先ほど説明したように、朝鮮民俗の中に釈迦と弥勒が争って、牡丹の花を咲かせる、咲かせないという神話があったわけであるが、これとほぼ同じモチーフのものが、沖縄に伝えられているのである。

宮古島の事例では、ミルクポトケ（弥勒仏）は醜い神で、天地を上下して人間、牛、馬、山羊、豚などを天から地上に降ろしてきた。一方サクポトケ（釈迦仏）は、美男子で、ミルクポトケが地上に降ろしたのを、受けとる役目をしていた。ミルクポトケは、人間の男女を降ろしたが、そのとき尻尾があったので、もう一度天に上げ、尻尾を切ってまた宮古島に降ろしたという。天と地をつなぐ道は、宮古島のいちばん高い野原岳でそこに生えているクバの木をつたって、上下した。もしこのクバの木が枯れたりすると、天から鬼がやってきて、人間を食べてしまうという。さて馬や牛もともにミルクポトケが降ろしたが、牛はそのとき、竹やぶの中に降りたので、蹄が二つに裂けてしまった。また粟、芋、麦、米の種子物も下りた。

ミルクポトケは、唐にわたってバンジローミカン、山ブドー、花の種子をも持ってきた。そして、この島が永久に栄えるようにとミヤークと名づけたのである。

ところで、この島を支配していくについてミルクポトケとサクポトケとが争いを起こし、牡丹の花を咲かせる競争をした。ミルクポトケが居眠りをしている間、咲いた牡丹をサクポトケがとりかえたため、ミルクポトケは争いに負け、宮古島から唐に渡って帰ってこなかった。

この話は、明らかに創世神話というべきものであり、大林太良、山下欣一両氏も注目しているように、朝鮮半島から、奄美、宮古に類話の分布が認められるのである。

とくに注意されるのは、釈迦の世と弥勒の世の対立という基本的モチーフが認められることであった。この場合、「弥勒の世」が創世期の中心であり、原初的世界として描かれている。釈迦の世はむしろ、善に対する悪のイメージがこめられているといえる。

上江洲均氏の採集した沖縄本島中部の知念の昔話に次のようなものがある。むかしサーカとミルクという二人の神がいて、二つの神は土地の領有をはじめた。サーカは、見える土地は自分のものとし、ミルクは見えない土地は自分のものとした。サーカは自分の土地がやせ地であると知り、立腹して火種を隠した。それをバッタが見ていた。火種が隠されてしまったので、世の中が暗くなり、いろいろと悪事が起こった。バッタはミルク神に、火種のありかを教える。ミルク神は、火打石をすてられた川から拾い、世の中を元の明るさにした。バッタの功績はミルク神を喜ばせたので、バッタはそれ以後、土の上でなく、草の上で死ねるようになった。

山下氏は、こうした南島に主に採集された弥勒の民間説話のモチーフを次のようにまとめている。

(1) 弥勒の神と釈迦の神がこの世を争った。

(2) 二人は争って互いに譲らなかった。

(3) 二人は相談して寝るとき枕元の花瓶に花をいけ、その花が早く咲いたものの世にしようと約束した。

(4) 二人はおのおの花瓶に花をいけて寝ていたが、夜中に釈迦が目をさまして見ると弥勒の花が咲いていた。

(5)釈迦の仏は弥勒の花瓶を取り替えた。
(6)争いに負けた弥勒はすべての生物の目を見えなくし、火の種子を隠して竜宮に立ち去った。
(7)釈迦は火がないので困り、生物を全部集めて、弥勒が火の種子を隠した場所をたずねた。
(8)皆目を閉じていたので知らなかった。
(9)ガァタ（バッタ）が進み出て、私は羽根で目をおおっていたが、目は別のところにあるので、弥勒が石と木に火種子を隠すのを見たといった。
(10)釈迦は喜んで木と石をこすり、火打石で火種子を得ることができた。
(11)それでバッタに、お前が死ぬ時は地面で死んで蟻などに食われるな、木の板や草の葉の上で死ぬといわれた。
（火種子を教えるのはアブの場合もある。だからアブは火でやかれないとする類話もある）

興味深いことは、奄美群島徳之島で採録された次の話の内容である。この話をみると、釈迦や弥勒は登場していないが、天照大神と別の神々との対立が示されており、それは、釈迦と弥勒の対立と同様の構造をもっているのである。

前記山下氏の示すモチーフの展開を次に示しておこう。

(1) 世の始まりに天照大神と他の神々は、人間を粘土で作り庭に干した。
(2) 突然雨が降り始めた。そこで急いで、取り入れ、型にいれなければならなかったので、手を折り足をまげた（人間の不具の始まり）。
(3) この人間を治めるのは誰かということになり、枯木に花が咲いた人にきめることになった。
(4) 天照大神は自分の枯木に花が咲くと思い、ぐっすりねむっていると、隣の神様が夜中にそっと自分の枯木とかえる。
(5) 目をさましてみると、隣の神様が人間を支配することになった。天照大神は盗人の種子は切れないという（盗人の始まり）。
(6) 天照大神は怒って、麦、稲、粟をすぐって荷造りした。
(7) 稲麦、粟などは穂先だけに実がつくようになった。豆のときだけは手が痛くて投げ捨てたので、豆だけは茎に実がつくようになった。

明らかに、これも創世神話である。神道と仏教のどちらの影響が、先なのか後なのかといった点は、実のところ余り重要ではない。問題は、二つの世界が対立するという認識を前提としてこれらの説話が構成されている点である。

やはり喜界島において、次のような話が伝えられている。すなわち、昼の太陽は、本来は夜の月であるべきで、夜の月は昼の太陽であるべきだった。ある時二人が寝ていて、誰かの腹の上にシャカナローの花が咲いたら、咲いたものが昼の太陽になり、咲かなかったものは夜の月になろうと約束した。ところがシャカナローは月の腹に咲いたので、太陽は、こっそり自分の腹に移しかえた。それで太陽は昼照るようになったが、悪いことをしたのでまともに見られない。月はいくらでもまともに見られる。

というものである。ここには、太陽と月の対立があり、両者の争いがある。シャカナローの花が登場しているが、これは前出の釈迦と弥勒の対立の話が混入していると推察されよう。世界が太陽と月から成り立つこと、その説明に際して、二つの世界が別立すると理解している。太陽の支配する世界と、月の支配する世界である。これは釈迦と弥勒がそれぞれ支配する世界にあてはめられてくる。それは同時に、どちらかが善で片方が悪に措定されている。

沖縄宮古島の話に次のようなものがある。宮古の平良市《ひらら》では、ミロクのことを仁王仏といい、実際は布袋の座像のような恰好をしている。典型的な福神の形態をとり、それは縁起物として珍重されていたらしい。ただその因由についてははっきりしない。大昔宮古にミルク様が生まれた。不美人で耳が垂れ下がった姿をしていたが、心は美しく、豊かな物を人々に分かち与えていた。子供がない人には子供を与えたりしたのであった。ある時サカボトケ（釈迦仏）とミルクボトケ（弥勒仏）が大喧嘩をしたあげく、決着を両者が牡丹の花を咲かせることで決めることにした。もし勝てば島に残って宮古の守護神になり、負けたならば宮古を去って、支那の守護神になることにした。ところがミルクボトケはうっかり居眠りしてしまい、サカボトケのほうの牡丹の花が咲き、負けてしまった。いたし方なくミロクは宮古を去って支那へ行ったが、そのとき宮古に稔る美味しい果実など皆持っていってしまったという。

この場合、明らかに弥勒のほうは、豊穣の世界の支配者である。宮古島にはないが、中国大陸に富があるというユートピア観も付随しているのである。現実は、宮古が釈迦の世であり、ユートピアの「弥勒の世」は、中国大陸を志向しているといってよい。

宮古でミルク世というのは、豊年のことであり、旧八月十五日ごろの豊年祭の中で、それが表現されている。「今年世、ミルク世」という歌詞が、歌舞の中に見出されている。三日三晩踊りつづけるが、八重山の弥勒踊りの際にみられる布袋姿の弥勒仏は登場していない点が従来から指摘されている。宮古には、来訪神形式の儀礼が少ないことと対応するだろう。沖縄の理想的世界であるニライカナイは、宮古の西方の大陸である。それは、弥勒仏が釈迦との争いに敗れて去ってしまったという説明からも推察されるのである。

八重山の弥勒踊りについては、来訪神＝弥勒の布袋が主役をつとめることで、民俗芸能の上でも興味深い事例として知られている。それとは別に、沖縄本島の国頭村《くにがみそん》に点在するミルク田に注目したい。国頭村比地ミルク田は、部落を流れる比地川の上流にそった一坪ほどの田であった。ミルク田は村の開発伝説と関係がある。大昔比地部落東南方の山麓にアマンチュ（天人）が天下り、稲の稲子を分かち与え、はじめて種子をまいた。その田がすなわちミルク田であるという。現在豊年祭でうたわれる歌の中にも、アマンチュが長者の大主に稲の作り方を教えたミルク田のことが伝えられている。比地の老人がある日孫を連れて、ハル（畠）まわりをしているとアマンチュが現われ、老人に年齢をたずねる。老人は百二十歳になると答えると、今度は子孫が繁栄しているかどうかとたずね、その後稲の作り方を教えた。その老人は村の長者であったから、村人たちにも稲の作り方を教えるようにといって、姿を消してしまった。老人は喜んで教えられた通りに稲作をはじめ、村人にその作り方を教えたので以来米が主食になったという。現在ミルク田の跡があり、この土地を山城門中のもとじめである泉川家が管理している。豊年祭の際、まずこの田を拝んでからはじめるのだという。豊年口説の一節に「さてもさてさて、今度ゆがふや、みるく年さみ、ゆがふ年さみ、米種ぬむいたち、みみそり人のちゃあ（下略）」とある。ミルク田の伝承は、国頭に他に二か所あったといわれているが、その跡はまだはっきりしていない。いわば沖縄の稲作の発生を説く御穂田の伝承と軌を一にするものであるが、これとミロクを結びつけている点が示唆的である。

すなわちここには、米の始源神話のモチーフがあり、稲作をもたらしたミロクの存在が語られているのである。

本島の西北五七キロメートル離れた粟国島《あぐにじま》に、拝所の一つとしてミルクガマがある。山路勝彦氏の調査によると、ミルクガマは農耕儀礼の対象の一つとなっている。正月の予祝儀礼のうち、正月元旦に、ノロは皮をむいてつぶした芋を煮て団子にしたものをミルクガマに供える。各家では芋をつるした鍬を臼に供えるという。麦の収穫儀礼である三月の穂祭には、区長は麦の穂の伸び具合をみて刈取りの日を決定する。各家では刈り取った穂のうち、三本の麦穂を火の神に供える一方、ノロたちは他に三本をミルクガマに供え、豊作を感謝するという。六月二十九日をミルク祭というが、これは役場の東側に祀られているミルク像の祭りである。昔ミルク像が割れたとき、そのままにしておいたため村に祟りがあって、バイラス（い縮病）が流行した。そこで像を建て直して、改めて祀るようになったという伝承がある。ミルクは農作物の守護神で、農作物を供え、豊作を祈るという。粟国島の農業は、稲作はなく、粟・麦が主体である。ここのミルクは稲とは無関係のように思えるが、伝説的な田としてヌル田の地名が残っており、この近くにミルクタキがあって、ユーヌカミを祀り、ノロたちが拝んでいたというから、まったく稲作と無関係であったとは断言できないだろう。

ここで注意されるのは、ミルクガマと称する洞窟の拝所である。ここには農作の始源を語る伝説が伴っている。下地島《しもじしま》には、ミルクガマがあり、次のような話がある。

下地島に移住しようと下地島に攻め寄せた人々がいた。下地島が滅びようとするとき、下地島にあるミルクガマから赤い小牛が現われ、敵勢の中に入り、赤い、長いひげを敵勢がつかまえると、そのままミルクガマに引きずって行って、敵勢は全滅したという。すなわちこれは、下地島のミルクガマが、滅亡する世界を救済する聖なる力を備えていることを示しているのである。

これらの話をみると先の朝鮮の創世神話と同様のモチーフが示されている。牡丹の花を置いておいて、どちらが先に咲かせたかを争う。弥勒がだまされて敗れてしまった。そこで弥勒はすっかりあきれてしまって、沖縄を去ってしまった、とこれは宮古島で語っている。弥勒が去って中国へ行ってしまったために、宮古島には弥勒信仰はないといわれている。沖縄といっても、弥勒の伝承は八重山に強く伝承されているが、宮古島のほうには少ないのである。宮古にもともとあった美しい花とか、果物とか、果実とか、そういうものはいずれも弥勒が去ったとき、一緒に持っていかれてしまったのだとも説いている。

この沖縄の場合は、本島と宮古島と八重山という三つの地域分布があって、それぞれ弥勒伝承を別にしている点が興味深い。

ミロク神の出現

本島にはミロクがいて、具体的に出現している事例がある。

このミロク神は、生き神さまであるといわれているのであり、ミロク教という教団組織にもなっている。ミロク教という教団が、現時点でどういう実態になっているかよくわからないが、以前は一人の女性の教祖によって伝えられてきた。それは洞窟に対する一つの信仰であった。信者たちは集団をなして、洞窟めぐりをしている。洞窟の奥深くに「ミロクの世」

が存在する、という世界観があって、ミロクと称する神が一人の女性＝教祖に乗り移って託宣する。彼女はすでに六十歳を越えたと思われるが、コザ市八重島に本部を置いている。ミロク神の神託を受けて、沖縄中に一つ一つ洞窟を開いていくのが大きな目標であった。

洞窟の中に「弥勒の世」があるという信仰は、どこから生じたのであろうか。鍾乳洞の中には特別な地下資源が眠っているらしく、そういう資源を発掘していくという。ジャーナリズムで有名になったのは、洞窟の中にかつての太平洋戦争の時の遺骨が一緒に発見されて、出てくることであった。そういう遺骨を発見して慰霊祭を行なう。また洞窟なので考古学上の遺物も一緒に発掘されてきて、いろいろな意味で、世間に注目されていた新宗教団であった。

沖縄の「ミロクの世」

この教団が洞窟の奥からミロクの神をよみがえらせるという。洞窟が全部ひらかれていくと、そこから新しい「ミロクの世」が出現するのだ、というように説いている。このミロク神の問題は、近年どうなっているのか、ちょっとわかりかねるのであるが、沖縄が日本に復帰する以前の段階までは、宮古島の洞窟はほとんど開かれており、「ミロクの世」がもうじき近いということを、日本復帰に結びつけて説明しており、それを、信仰的事実としていた点があるようである。日本復帰を目指していたという構想が、現実の形としてはあったのであるが、本来的には洞窟の奥にある始源の世界、その世界が具体的にイメージされていたといってよい。

まずもっとも古い時代に「ミロクの世」がある。その次にあるのは「中山王の世」である。これは琉球王の支配する世。その次が大和世で、これは日本の本土人が支配していた。それからアメリカ世で、アメリカが支配していた。そしてふたたび「ミロクの世」になるのだという。世界が何回か交代しながら、やがて最終的に「ミロクの世」になるというのである。こういう説き方をしている。そのための宗教行動の一つが、洞窟を開くという点であって、洞窟が開かれないといけない。したがって、洞窟開きは大変な難行なのである。

沖縄にはもともと三千数か所の洞窟があった。珊瑚礁の島々であるから、海際に切りこんだかなり深い洞窟があるようである。その奥へ入って行って、洞窟の中でいろいろの行をして帰れば、洞窟が開放される。その洞窟の奥のほうにひそんでいる霊が、みなよびもどされるという、そういう考え方をしているわけである。

そもそも沖縄のミロク教の発端は教祖である一人の女性の神がかりにはじまったのであった。

ミロク教の成立

昭和二十八年の三月十八日朝、当時コザ市嘉間良五二三番地で、米の配給所を営んでいた比嘉良弘氏の妻ハツさん（当時四十一歳）が、突然絶食をはじめた。水だけは飲むが、食物は一切とらないで、四十日間続いてから、四月二十七日に「黄金の森から宝を掘り出せ」との神託があった。当時を思い出してハツさんは次のように述べたといわれる（神田孝一「比嘉初女史」『心の科学』 6号）。

朝四時半ごろ、星をみろという啓示があったので空を見上げると東の方に一ツ輝く星があり、その星と話しをしたら、急に全身に飛び込んできて一瞬に人間的な考え方が無くなって、口から

タイコクノミルク　クノシマニ
イメンシバニヘイワ　マモラレテキラナ

という文句が出た。これは星の神から、うまれ出た言葉であった。弥勒がこの島にやってきて平和が守られる、という意味である。

神託によって、家から二〇メートル離れた小高い丘（昔から黄金の森とよばれる）で、翌朝早く穴を掘ったら、三時間後に、鍾乳石の陰陽石が出たという。これがすなわちミロク神の雛型とよばれるもので、以後本尊として崇められている。

このミロク教の教理をみると、いくつかの興味深い観点がある。昭和四十四年酉の年に一つのエポックが認められる。教理の一部をまとめたと思われる『龍宮城――宮古島の記』によると、

酉年は世界で最も激しい年であった。戌年の始めに竜宮城と命名し、発行した事も戌が引出すエンヤラサーの喜びの大きい年であり、伊良部飛行場訓練所建設と共に宿命の島から一八〇度転換し、地上天国竜宮城としてミロクの世の出現でもあります。

また次のような表現もある。

それに世界では酉年にちなんで、タカ派、ハト派と政治家は世界平和論をかわしている。沖縄の日本返還も結ばれ、このように現実に実現してくる時、ミロク世到来と共に、アジアの中心となる事は、間違いありません。

このような政治次元の変化と対応させて、ミロク教にとって酉年が重視されていたことがわかる。

さて、ミロク教の中で、理想世としている「ミロクの世」は具体的にどのようなものか、それは沖縄の現実の世界に即して、次のように説かれている。

白波が押し寄せてくるように天然ガス、開発と共にチクロの製造禁止により、砂糖も値上りして、もうミロク世は眼の前です。来年は戌年で戌が引き出すエンヤラサーの年であり、喜びの年です。

つまり、沖縄において「ミロクの世」は、酉年の次にくる年だということになる。だがそれは突然くるものではなく、ミロク教の立場で言えば、岩戸ビラキ、すなわち洞窟を次々と開発していく積み重ねによって、はじめて可能となるというプロセスが作られている。ミロク教の中心行である岩戸ビラキは、洞窟を聖地視して、礼拝することに意義があるのであるが、そこに独特の世界観が秘められている。

沖縄全琉島々、村々に天の岩戸が三千余りあります。その道に名前を入れておけば島々、村々にミロクの世豊かをあたえる産土神と申されている。この道皆なが知らぬために岩戸の中の自然をこわして自然の美を失いわからぬためだと思いながら実に悲しいものと思う。

沖縄は珊瑚礁の島々であり、海辺や陸地の随所に洞窟があり、そこには破壊されないまま自然が保存されている。そしてそこにみられるさまざまの鍾乳石の形象が、さまざまに神格化されていることも一つの特徴であった。

洞窟の世界

こうした洞窟に対する世界観があって、ミロク教の集団は、いつも洞窟を聖なる空間とみなし、そこへ入って「世ビラキ」を実修する。いったん洞窟の中へ飛びこんでから、また出てくる。そして海の向こうから神霊をよぶような恰好をする。海の彼方から神霊を招いて、一種の神がかりをしているようである。集団でいつも洞窟を求めてグルグル回っている。そして毎晩宿で集会をする。いろいろなうたを歌い舞ったりしながら一夜を過す。踊りを踊っているうちに、全員がゲエゲエへどを吐き始める。なぜかというと、悪霊を全部自分の体内に入れて外へ吐き出すためだという。そういう行であると説明されている。そして沖縄のミロク教のあり方をみると、そこに世界の交替を構想していることに気づく。

ミロク教の予言

宮古の神話上の予言者クバヌパーズの予言というものがあり、これによってミロク教が位置づけられている点は、興味深い。予言の主旨は、岩戸開きをして、地の母神を礼拝することによって、ミロク世は到来するというものである。

クバヌパーズの予言は、次の文句に示されている。

一、上は下なり。下は上なり（アンヂ悪の世）なり、カンタが世なり、坊主が世なり

二、ナスピ木ぬ下んむぬおつき、ユーサからラリ夫をむち

三、人はころころ、赤インだらだら

四、南ぬ島から、うぷからず、みどんぬ、白船がまから、きし世やなうり、山ぬ木ぬ赤

いささか難解な語句であり、容易に理解できないが、一節目は、階層差別がなくなることを意味するらしい。二節目はよくわからないが、ミロク教では未成年の貞操観念がなくなることを意味すると述べている。三節目は、印鑑を沢山用いることをいっており、人間同士の信頼関係が薄れることを意味するらしい。四節目がミロク教にとっては重要である。これは南の島から髪の長い女が、白い船に乗ってやってくるという予言で、そのとき山の木は赤色から青々と繁るだろう。つまり世が栄えるだろうという。このことについて、ミロク教では、宮古において、比嘉初が、最初に大神島で岩戸を開き、最後は多良間島《たらまじま》であった。南の島は多良間であり、すべて世を開き終わった神女がすなわち比嘉初で、多良間のほうから比嘉初が、神船に乗ってふたたびもどってきたとき、この世が繁栄する。つまり「ミロクの世」になるというように解釈する。ちょうど第二次大戦で赤土化した山々に、植林して青々と木が繁った今の段階が、正しく「ミロクの世」の時期にあたるというわけである。

クバヌパーズの予言には、明らかに終末的状況があって、そのとき神女が神船にのって、南方海上から来て、世を救うというモチーフがうかがえる。そこで、このモチーフにそえば、「本当に比嘉初先生こそ神の使者であり、ウプカラズミドンである」(前掲書、四八頁)ということになる。

このように、予言に基づき、神女が来たるということと、洞窟を世開きしていくことによって、また「ミロクの世」にもどるのだという思考は、実は本土のほうには見受けられないのである。なぜかというと、古代からずっと天皇が支配してきていて、これに相対立する世界はないとされている。沖縄には明らかに、世界の交代が認められる。中山王が支配した後に、大和王があり、それからアメリカが支配した。本土にはこうした歴史的体験がなかった。先の朝鮮民族の場合には沖縄と同様であった。王朝が交代するわけである。特に、外国勢力の介在によって王が追放される。したがって民衆思想のレベルから出てきた構想が、一つの運動形態になりえる方向性を示すのである。繰り返すように、メシアに相当する存在が日本本土の場合には生まれてこないし、それを支えるべき世界観が構築されてきていない理由を、朝鮮や沖縄地方のデータと比較してみるとよくわかる。

天皇家が支配している天皇の世は、最古の家筋といわれている家柄により継承されてきた。天皇家による、宗教的な聖王の祭式による儀礼的世界をとおして、俗界をも支配しているという社会が続いてきている。そして、これに対立する王が一方に現われていない。もし、それが現われるとすれば、宗教運動の中で、一つの思想体系として生まれてくる可能性があるかどうかという点が問題になる。その点について考えられる具体的な資料が、たとえば自ら弥勒と名乗った資料にみられるのであった。すなわち、これら先に指摘した富士講と大本教である。新たな弥勒の生まれ代わりとして、この世に出現して、この世界を支配するということを、ここに一応、提示しているわけである。したがって、この二つの事例が日本の弥勒信仰を考える場合の、具体的な例として展開していくことになるであろう。

第七章　世直しと弥勒

一　弥勒の世

「弥勒の世」に対する二つの志向

今まで述べてきたように日本の弥勒信仰は古代、中世という歴史的な流れの中で、一つの宗派に限定されるというものではなかった。「弥勒の世」という観念が、経典で具体的に構想されてはいるが、その受けとめ方はそれぞれの宗派・教団の中で違っていることが明らかにされた。

民間信仰の中に伝統的なミロク信仰があり、それといちばん密着したかたちをとったのは、民間に活躍している真言宗系統の湯殿山行人《ゆどのさんぎょうにん》などの行者たちであった。こういう民間宗教者の間で「弥勒出世」を待つ、つまり将来必ず現われてくるという弥勒下生の信仰を受けとめ、さらにそれがごく日常的なふつうの生活をしている民衆の中に浸透していった。その際、民間宗教者は民衆に異人あるいは客人《まろうど》のような性格をもって受容されていた。村や町に訪れてくる民間の行者たちは、仏教上の弥勒信仰、あるいは「弥勒の世」をもたらす存在として受けとめられていた。そういった現象が民俗的、日常的行事や習慣の中にしばしば現われてきている。

たとえば、一年の終わりの頃、霜月の十一月などを中心とした大師講の祭り、あるいは霜月祭り（花祭り・雪祭りなどを含む）とか、太陽の光が弱まる冬至祭りの時期に現われてくる救い主に対する憧憬が、民俗宗教の中に認められた。これはどちらかといえば、仏教の弥勒信仰が弥勒下生というかたちで、真言宗行者を通して民間に普及伝播したためであると解釈される流れであった。

それに対して、鹿島信仰を中心として広がってくる弥勒信仰がある。これも同様に異人・客人というかたちで、海の彼方からやってくる救い主という発想でとらえたものであった。特徴的なのは、これが鹿島信仰という一つの地域の立地条件による現象であったことである。境界に位置する霊的にきわめて力の強い鹿島の神があって、その神の背景に海上の彼方からやってくる救い主が二重写しとなる。その神霊を迎えて託宣を受け、そしてかつ踊りまくるという宗教形態が、鹿島を中心に発生した。これが鹿島踊り、あるいは弥勒踊りというかたちで、現存する民俗芸能になっているが、これが芸能化する以前には、ある社会的な条件が働けば、民衆運動に展開する要素を持っていた。その痕跡が弥勒唄に残されているのである。

こういう二つの流れが、日本の民間の弥勒信仰として指摘できたのである。さらに、これが「弥勒の世」という具体的なイメージを問題にした場合、真言宗の行者たちの背景には「山中他界」、つまり山岳の中に特別な他界が存在するという理解があった。また鹿島の場合には、海上の彼方にすばらしいユートピア（常世に代表される「海上他界」）が存在しているといえた。

仏教上の弥勒信仰が、民間にしだいに入り込み、しかもこれが伝統的な民俗宗教の中に、一つの日本的な現われ方をするミロク信仰というかたちで生まれてくる可能性があったのである。これは、農耕稲作の儀礼と結びつく「ミロク」の観念によく表われている。毎年繰返してミロク＝稲霊が再来することによって、稲の豊穣が保証されると考える農民の思考と、五十六億七千万年という果てしなき未来の彼方に「弥勒の世」が実現するという考え方の間には認識の仕方に大きな差がある。日本以外の、東アジアの中国、朝鮮などの国々の歴史的なプロセスの中では、非常にラジカルな宗教運動・反体制的な運動が展開するのに対して、日本の社会ではそういう激しいかたちの運動は生まれてきていない。これについては、日本の定着農耕民の持っている、繰り返し「ミロクの世」が現実化してくるという認識が前提にあるためではないか、という問題が提示された。

比較文化論的に考えた場合に、民衆的宗教運動は、メシアの待望――メシアニズムと、至福千年運動であるミレニアムという二つの柱をもって構成されているといえる――メシアに対応するような存在が、仏教上の弥勒の化身というかたちで出現している。この出現してくる弥勒菩薩は、生身のかたちをとって、運動のリーダーのような位置づけを持ち、そういうリーダーが未来世界を構想するというのが、類型化された弥勒信仰である。

二　弥勒信仰と富士山

富士山への信仰

日本の場合、そういう存在を乏しい例から見ていくと、近世中期頃の江戸時代に起こった、富士山に対する信仰によく示されている。近世の富士山に関する信仰は、富士講として一括される。日本の宗教社会の中には講集団はたくさんあるが、山岳に参拝する講は、江戸時代中期に、街道をはじめとする陸と海との交通網が発達して、代参形式という信者の身代わりになってお参りして、目的を果たすというかたちがたくさん生まれてきている。もともと日本の村落には、自然と人々が群がり集まってできたグループがあった。ムラ（村）というのは、そもそもが群がることの意味であり、群がる家々の関係は本家・分家というような、血縁的なまとまりや組のような地縁的なまとまりに対して、心縁的な、一つの目的を同じくしたもの同志が、平等に集まってでき上がっている集団というかたちがあった。山岳代参講の場合は、後者のつまり、一つの目的のために集まってきた宗教集団であり、そこで代参人を決めて目的地に派遣するという形である。

富士山

富士講と行者

富士信仰の場合の富士講もそうした集団の一つで、この際注目されるのは、富士講が、宗教的な行者によって指導されていたという点であった。富士講の行者は多くいたが、そこには何人かの指導的行者が出ている。最初が角行《かくぎょう》で、これは伝説的な開祖である。角行については研究が進められているが、長谷川角行と称し、一六世紀の戦国時代に富士山周辺に現われて、難しい修行を積んだ行者といわれる。角行についての伝記として、信者の間に伝わっているのは『御大行の巻』という経典である。これには異本が多く、かつ伝説上のものであって、はたしてどれが原本であるかはわからない。しかし、いずれにせよ江戸時代初期、こうした伝説上の行者の活躍する場があったことは、間違いない。

行者角行

角行は、中世の永禄年間から近世にかけての社会変動期の最中に、厳しい修行を続けた結果、宗教運動の指導者として、富士講の組織化を図った最初の人物だといわれている。『甲《かっ》子夜話《しやわ》』の中に、「其始を尋ぬるに書行藤仏と云者より始まれり、この書行といへるは肥前長崎の産にて、其父は長谷川民部大輔某と云ふて浪士なりしが」とある。この角行〔書行〕は、天文十年正月十五日長崎に生まれ、永禄二年四月、十八歳のときに旅に出て東国に来た。『御大行の巻』によると、七歳のとき、仙元大菩薩のお告げにより、前生は北斗星であり、万人のために出生したという。そして、常陸の国水戸に住んでいる行者の弟子となった。ちょうど永禄年間というと、一六世紀の後半で、東国は戦乱の巷にあり、世の中は乱れに乱れていた。そこで特別な修行をしたとい

駒込海蔵寺の身禄の墓

うことである。すなわち「一万八百八日昼夜六度之こりとり難行苦行一命大行仕り」という。この修行の場所は富士山西麓にある俗にいう富士の人穴《ひとあな》であった。これは後世、角行の人穴修行として有名である。

富士の人穴は、地底の幽冥界に続く、いわば他界への入口であると考えられていた。『吾妻鏡』には、仁田四郎が探検隊を引き連れて、洞窟の奥深くに侵入し、その中でこの世のものとは思えないさまざまな体験をして、たった一人だけ生き残って帰還したという。〝けっしてその秘密をもらさない〟と洞窟の悪霊に誓いを立てて、現世に戻ってきた。しかし、将軍頼家に人穴の秘密を教えてくれと懇願され、やむをえず恐ろし気な体験譚を語った瞬間に、洞窟の奥から不気味な一陣の風が吹いてきて、落命してしまったという。

要するにこの人穴は、この世とあの世の境にあたる不思議な場所であり、かつ地中の世界であった。角行は、その聖なる空間に入って修行をしたといわれている。

角行の修行

その修行の方法は、四寸五分の角材を立てて、その上に一千日間立ちつづけたということである。その他にも、穀断ちをして、人穴の近くの白糸の滝で昼夜三十二杯の水で垢離をとった。また一足立待といって、一本足で立ちつづける行もあった。これらは「人穴千日大行」と称された。千日行というのは、今も比叡山にあるが、山岳修行の形態であり、富士山中でも行なわれていたのである。人穴千日行のあと諸国を巡歴するが、ここで重要な点は、角行が天正十年に、徳川家康と人穴で出会ったという伝説が残されていることである。徳川家康はそのとき、甲州の武田方に追われて逃げ回っていた。角行は家康一行を、富士の人穴にかくまって助けたと伝えられている。後に家康は将軍となって、命を救ってくれた角行をふたたび人穴に訪れて、そこで特別な権利を角行に与えたということになっている。ということは、富士講が、東照大権現である家康と、その出発点で深い関係を持っていることの権威保証を得ようとした時点に、こうした伝説を作ったことがよくわかる。

家康の権威

富士講は後々までも、東照大権現の家康とは、特別な関係があるということを主張していた。家康と角行は同じ年に生をうけ、片方の家康は俗的な世界を治め、国を平らげた支配者となった。一方、角行は「聖界のものとなりて万民の疾苦を救う」ということで、救い主になるという天の命を受けて、この世に現われた、と後世では説いている。すなわち『御大行の巻』では、「東照神君にも御人穴に御拝面奉申、来世天下安全之儀を申上、後年三代将軍家光公之御代迄も見奉り其後御人穴にて百六年にて御入定被成候」と記している。

突き倒しとおふせぎ

このような神話が富士講には伝えられていたのである。実際の富士講の行動は、江戸が都市化してくる時期であった。たとえば元和六年（一六二〇）夏、江戸には、ばったりと倒れて死んでしまう「突き倒し」という不思議な病気がはやった。そのとき、角行は江戸にやってきて、数千人におふせぎという呪法を施したという。これは、富士講が江戸に展開する最初の契機となったが、そうした呪術的行為はキリシタンの魔術であるとして、角行は寺社奉行に捕えられて取調べを受けたとされている。このときに角行は、かつて家康を救ったおかげで、特別な権利を持っているということを主張したのである。

こういう説明で、角行が富士講の正当性を盛んに主張しているのが、『御大行の巻』と称される経典である。事実はどういうものかわからないが、この伝説から察せられることは、角行という富士山で修行した民間の行者が、平地に出てきて人々に救いを説いた。かれが、いわゆる客人《まろうど》的な異人として位置づけられる民間の行者であったことは確かである。彼は病気を治すという呪いで、民間に名声を博していった。角行がつくった「おふせぎ」という民間療法はたいへん効果があったために、一時期急速にはやったことが察せられる。

おふせぎは、御風先侎と書く。たとえば、「安産早目のふせぎ」「後産のふせぎ」「悪水祓のふせぎ」「はれものいた見やわらぎふせぎ」「血留めふせぎ」「目のふせぎ」「血の道産後産前ふせぎ」「子供夜なきふせぎ」「一切の虫ふせぎ」「狐附のふせぎ」「しやくのふせぎ」等々があった。

特に出産前後の治療に関するふせぎの多いことが注意されよう。

こうした病気治しがたいへんよく効くと考えられていた。角行による病気治しの「おふせぎ」は、マジカルな呪文によって、悪霊を除けるという意味のようである。「おふせぎ」のほかにも、「我体かたまり文句」「御心歌」「お水垢離の文句」「疫病送りのお文」「風送りの文句」「躰わりの文句」「星のご文句」「厄除けの文句」等々の呪文があり、いずれも、角行が修行の結果体得した特別な魔除けの呪術を使うことによって、人々にご利益を与えるということになっている。

異文字

その特徴は、角行が編み出したという特殊な文字にあった。たとえば「俌仢大𦗟妙《ごうくうたいそくみょう》　王𦗟《おうそく》」「躰拾坊光仢心《たいじっぽうこうくうしん》」という異文字があり、第三者には何が何だかわけのわからない文字が作られ、それを呪文として唱える。つまり、富士講信者にだけしか通用しない呪文を用いている。これを現在でも御神文と称して、富士講の信者たちは大切にしている。異文字は当用漢字には当然ない。たとえば「𦫿僊《ちちはは》」という字は、元の父母という原初的な観念を示す文字である。おふせぎの呪文は、いずれも異文字である。意味はよくわからないけれども、それを音として発することによって、相手を威圧するというような言霊の信仰が基本にあるといえよう。

たとえば「阿毘羅吽欠《あびらうんけん》　莎婆訶《そわか》」というのは、真言の行者が使う魔除けの言葉である。悪霊は、それによって追い払われる。山に登るときに、「お山は晴天、六根清浄」というのも同じである。それから「南無阿弥陀仏」にしろ「南無妙法蓮華経」も、僧侶が唱えるときは、一つの教理に基づいて言っているのかもしれないが、俗人がいう場合には十分な意味もわからないのであり、ただ大声を発することによって、相手を倒す力を発揮するものである。デモ行進のときなども、意味不明の言葉を大声で怒鳴っていくことによって、相手を圧するという言霊的な発想があるのである。したがって意味は不明のままでいいのである。

意味不明の言葉を使うことによって、悪しきものを追い払う。富士講の「徧峋《ごうくう》」も同様な表現である。これは修行のプロセスで息を吸ったり吐いたりする阿吽《あうん》の呼吸を意味し、これが富士講の場合はかなり重要視されている。

富士講の角行は、江戸時代の初期に流行し出したときには、一般から見ると、病気除けのお呪《まじな》いのたいへんよく効く行者だと受けとめられた。それが社会変動期の段階で、メシア的な存在として出現したと考えられるであろう。当時、こうした存在はほかにもかなりいたのであるが、角行の場合、霊山である富士山中で修行した行者であるという点に、大きな特徴があった。富士山は関東平野のどこからでも見えた山である。現在の地名に多く富士見とあることにもそうした点がよく示されている。

江戸町人と富士講

角行以後にも多勢の富士講行者たちが出てくるが、かれらは、いずれも江戸の町の中で商売を営んでいた町人たちの間から、続出していた。しかし、富士講は初期にはそれほど大きな組織であったわけではない。角行以後は五人の行者が出て組織化を果たしてきた。ただ大きなかたちにならないまま続いてきており、われわれがここで問題にしようとする弥勒信仰との関係は、富士講六代目の行者といわれる身禄《みろく》によって示されたのである。

行者身禄

身禄についての文献は、角行の『御大行の巻』に対応するような『三十一日の巻』『一字不説の巻』などがある。『三十一日の巻』の冒頭に身禄の伝記が記されている。身禄は伊勢の国一志郡下川上の庄の産で、八歳の頃から大和の国宇陀郡の小林氏に養育を受けて、ふたたび伊勢に帰った。そして十三歳の秋に江戸に下り商業をし、十七歳のとき、富士山を信仰するに至ったという。

商売はずっと続けていたが、あるときに自分の持っている財産を全部知人たちに分け与えて、ただひとすじに富士＝浅間大菩薩を信仰した。その発心の状況は、「禄重く金銀を富眷属多くかしづく、然れども人間は八十八の寿命は米一粒也、金銀はかへって仇なるを見開き（下略）」世を捨てたことになっている。油屋の商売でかなり成功した町人だったようであるが、その財産を全部捨てて放浪する行者の仲間に入った。彼が富士山に登ったのは、日本橋銀町に住む富士の行者・月行　㖑仲《げつぎょうそうじゅう》が同じ伊勢の出身で、彼の弟子となったからである。

富士山は江戸の町から見ると、当時ははるか地平の彼方に秀麗な姿を、ぽっかりと浮かべていたのである。だからはるか彼方の山中他界へ登ってゆきたいという願望は、富士を見る人々の間に強かったにちがいないのである。

身禄は富士山に登り、富士講の仲間を知って信者となり、その後何回か山に登っている。

そこでやがて身禄という名前を名のるようになったのは、一つの大きなきっかけがあったのではないかと思われる。

前述したように、民間社会には弥勒私年号＝「弥勒の年」を求める気運があって、たとえばそれは十二年に一度ずつ、「弥勒十年辰の年」という認識に現われていた。

一字不説の巻

潜在的な意識として、弥勒に対する待望が民衆の心意の内面にあったのではなかろうかという予想はあるが、参考となるのは弥勒が出現するについての、身禄行者の見解を書いたと言われる『一字不説の巻』である。これは「ミロクの世」がこの世に現われてくる必然性を記したものであって、その中には一種の神話が描かれているといってよい。「ミロクの世」が出現するときは、「元禄元年辰の御年、辰の六月十五日、辰の刻」であり、そのとき、富士山の山頂にあたる釈迦の割石《わりいし》で、男綱と女綱がつなぎあわされる。するとこの世は永遠に「ミロクの世」になるという一種の予言が書かれているのである。そして、元禄元年辰の年から十二年たつと、次の新しい動きが始まる。天皇のいる京都から新しい仕法が開始されるというのである。

元禄元年から十二年たった元禄十三年の辰の年に、「身禄の御代」の役人が京都に行って、「身禄の御代」の書物を記して関白にそれを提出する。そのときに『一字不説の巻』という書物が、関白様のところで認められて、「おふりかわり」、すなわち「世直し」が行なわれて「身禄の御代」がさらに確実なものになっていくと記してある。

身禄の御代

「身禄の御代」という場合に、それと対立する徳川将軍の世のことをここではあまり言っていない。角行の場合は、家康の保証を得て存在すると説いているので、江戸時代中期からそれ以前の富士講の状況を物語っているが、それ以後に書かれた『一字不説の巻』は、近世中期以後から幕末にかけての時期につくられたらしく、京都に一つの拠点を求めようとしている。富士講内部の政治的な配慮があると予想される。したがって、たえずこうした文書をつくって、公認を求めていく運動を続けている中で現われているが、それにしても「元禄元年辰の御年、辰の六月十五日、辰の刻」と辰を重ねていくのは、辰の年に何かが起こるという俗信と関係があるのではないかと思われる。

こういう中で、「身禄の御代のお開き」ということを盛んに説いているが、「身禄の世」が現われてきて、それが具体的に現実のものになっていくことを説いていく場合に、「身禄の世」というのはどういうものであるのか。この場合、弥勒菩薩が治めるということが基本にあると思うが、富士講では、弥勒菩薩そのものが支配するというのではなくて、人間が「禄になる」、あるいは「身を禄にする」というような、通俗的な道徳観念によって支配されている。

元禄元年辰の年以後

この点について、最近、宮崎ふみ子氏の「不二道の歴史観」という論文が興味深い分析を行なっている（『現代宗教』2、特集山岳宗教）。

それによると、元の父母《ちちはは》が支配するのは、この世界が泥の海のときから、日本が国として成立するまでの六千年、そして次の天照大神が支配するのは、日本の国が成立した後、元禄元年までの一万二千年、そしてその後が、仙元大菩薩が支配する世界であり、約三万年とされているという。

仙元大菩薩の支配する元禄元年辰の年以後に、「みろくの御世」がやってくるわけである。「御藤山八丁様の北にあたって、釈迦の割石と申すとそつ天より、南無仙元大菩薩様の御直支配、御みろくの御世と被ㇾ成候間」という表現があるが、この場合、都率天＝弥勒浄土の影響が認められる。「此度とそつ天ゟ食行身禄侕ほさつお、万ごう天地のあらんかぎりと、御あらため役人として御極め被ㇾ遣候（下略）」とも述べられており、食行《じきぎょう》身禄は、「みろくの世」を実現する使者として、仙元大菩薩より遣わされた「御あらため役人」として位置づけられるものであろう。

これを、弥勒の文字を使わず、身禄としたことが、いかにも江戸町人の発想であった。「その身〳〵にそなわりたるこころといふものわ、天と一体のけっこうなる身ろくぼさつわ、めん〳〵のみな身にもちてい申候あいだ、こころさいまことにもち候ゑば、みな身ろくぼさつにて候あいだ」という身禄の人間観がその基礎にあるのである。

誰でもが「身禄の世」であれば弥勒菩薩になれるのだということを説いて、行者身禄は布教を重ねていった。だが、信者は徐々に増えてはいったけれど、最初は爆発的に信者を獲得するには至っていない。

しかし、富士講が教団化するに至って、後に支配者側が、これは革命勢力になるのではないかというような恐れを抱いた。「この一類、殊の外に盛延なる故にや、官より度々禁断の旨下ると雖ども、暫時忍び居て又起り、倍々増蔓して今に及んでは如何とも為すべからざるに至れり」(『甲子夜話』巻六七)といわれたように、次々と信者が増加していって、結局その数は七〜八万人、江戸市中の富士講の数約四百。毎年一組から五人ないし四、五十人ずつ増えていけば大変な数になるということになる。

それだけ多勢の人々を集めるようになったのは、実は身禄が入定《にゅうじょう》を意図したためであった。入定が、たんなる自殺行為ではないということは明らかであるが、富士講を衆生に伝えていくために、自ら六十八歳の辰の年に入定するという予告をしたのである。

身禄入定

入定するということは、当時でも大変なニュースになるわけで、多勢見物人が集まってくることになる。したがって、耳目をそばだたせしめるということでは、きわめて宣伝効果があった。ところが身禄自身は六十八歳での入定と思ったけれども、ここに特別な啓示があり、五年早めて入定するということになった。それが享保十八年六月十三日、身禄六十三歳のときであり、釈迦の割石すなわち都率天＝弥勒浄土における入定というかたちをとったのである。

なぜ五年早めたのかという説明も、いろいろなされているが、客観的には、享保十五年に豊作だったために、米価が下落しており、さらに享保十八年まで値段がたえず変動した。十六年には米価は下落し、十七年秋には高騰し、そこに極端な差が生じた。折しも西日本にイナゴが大発生したのは十七年のことで、イナゴによる虫害のために全国的大飢饉となった。そのため、餓死者が九万九千人出たという。これは大まかな数字であるが、このときの大飢饉は相当大きなものであった。

こうなると米価は極端に上がり、江戸の町なかに住んでいるものは食べるものも乏しくなっていった。そういうときに、江戸の米屋高間伝兵衛が米の買占めをしたため、下層町人の口には米が入らなくなり、打ちこわしの群衆は高間伝兵衛の家に押し寄せた。これは享保十八年二月のことであり、江戸のような大都会で最初に起こった打ちこわしとして知られている。

この事件の余波が、身禄をして、富士山頂で入定する時期を早めさせたことが類推されるのである。本来は六十八歳の辰の年に入定すると言っていながら、現実に五年早めたのは、彼が享保十八年二月の江戸市中の大混乱、つまり最初の打ちこわしという事態を目のあたりに見て、高間伝兵衛に対する批判を込めたのではなかったか。身禄の手紙の中に、「高間悪魔」という呪詛を込めた言葉がある点から、高間伝兵衛に対する批判も含めていたこと、そして同時に人々の追い詰められた日常生活を前提にして、入定を決行したといってよいであろう。

しかし、入定といっても単純な問題ではない。ミイラになるためには周りでいろいろと世話をしなくてはならない。身禄は富士浅間神社に仕える御師の田辺十郎右衛門の援助を受けて、入定するために石室をこしらえてもらった。入定するといっても、ただ飯を食べずにいればいいというわけではない。ミイラになるためには、いくつかのプロセスが必要である。石室に入って水だけを飲んで何日間か生き長らえたあと、しだいに肉体的に保存が可能な方向になっていく。その方法をとるために身禄は富士の釈迦の割石の近くに石室を設けて、六月十三日にこの石室に入った。そして一日に雪を一椀だけとったといわれている。入定をするというので役人たちが止めに入ったが、止めるのも聞かず、そこにとどまって端座したまま、三十一日間富士講の教えを伝えるという形式で垂訓をのこした。すなわち、毎日一つずつ教訓をのべ、田辺十郎右衛門にそれを伝えていった。『三十一日の巻』というのはそのときの教訓をまとめたものである。いわば一種「山上の垂訓」のような内容である。『三十一日の巻』は、いわばキリスト教における聖書に当たるような聖典である。細かな教えをこまごま記しておき、約一か月間毎日水を飲んだ後、七月十七日に息が絶えたという。厨子のなかで座布団をかぶり、額が隠れていたというが、ミイラに化したのであろう。

しかし、後にミイラは持ち去られて、現在は入定場所の烏帽子岩のところには残っていない。着ていた着物は、東京の文京区の海蔵寺にあり、そこに墓も置かれている。

この身禄行者のライフヒストリーを見ると、一つは、山中で修行をする入定行者の系譜を引いているということ。それから辰の年に合わせて、この世の変革を説いていることが興味深い。「ミロクの世」が出現する年を設定しており、最終的には、自分はその折り目の辰の年に入定することになったが、それを五年早めたのは全く別な条件が伴ったからである。つまり、辰の年ではなくて、大飢饉と米価の高騰という日常的社会の危機状況に対処して、入定したというかたちをとっている。

ところで、「身禄の御代」が出現するのは、男綱女綱が結ばれたときに始まるという。つまり、陰と陽とのバランスによって新世界が構成されるといってよい。これは、いわゆる農耕民的な発想をもっているといえよう。陰と陽の合体という一つの大きなポイントがあるが、結局、入定したあと富士講はなくならずに、大きな勢力を得て、しばしば政府の弾圧の対象になっていた。それは「身禄の世」が、現実にこの世界に存在していて、その世界に、人々が生まれかわっていくのだ、という理解を示しているからであろう。

身禄にいわせると「ミロクの世」は、現実の世界とは違った構造を持っているという。これは、既成の秩序とは違った世界であるから、幕府のほうでは、それを認めることはできないということで、対立する要素を示したのである。

富士塚の思想

富士講の実数やその分布圏については、まだ十分捕捉されていないが、元講―枝講といった本部―支部の近代的組織が、すでに江戸時代中期より確立しており、少なくとも富士山を望見できる関東平野の全ての地域に、富士講が広がっていたことは推測できる。

これら地域社会に展開する富士講は、それぞれ地域差をもっているが、共通しているのは、(1)各講ごとに教理を示す『御添書の巻』、『三十一日の巻』、あるいは『一字不説の巻』などを秘巻として保持していることであり、(2)各講ごとに関与する富士塚又は浅間塚（塚には浅間神社を併祀）を聖地として礼拝の対象としていること、の二点があげられる。

近年、新谷尚紀氏によって調査された丸嘉講田無組の事例を考えてみよう。この丸嘉講というのは、身禄の三女花の弟子にあたる江戸赤坂伝馬町の、近江屋嘉右衛門を講祖とする江戸の町方に作られた同信者集団である。そして嘉右衛門の弟子の善行道山が町から農村部とくに武蔵野、多摩へと展開していった。丸嘉講田無組とよばれるように、このうちで田無一帯を中心によく分布していることが分かっている。講祖は行名を菊行道寿といい、寛政五年に弟子の一人安右衛門にあとを譲った。安右衛門は善行道山のことで、丸嘉講を名のり次第に盛行をみた。

ことに幕末に至って、敬行道達がさらに信者を拡大させたという。有力な行者が指導した講は、元講↓枝講がさらに拡大していくが、つねに核にあたる部分がある。それは何かというと、身禄の伝えであった。「富士山北口烏帽子岩食行身禄佛御法会御伝え通り大切に相守り、登山無怠慢信心相勧（下略）」という丸嘉講田無組の『行名授与書』の詞書から示されるように、「身禄のお伝え」が金科玉条であった。

それぞれに所持される富士講秘巻の奥書をみるとそのことがよく分かる。たとえば、

万法のしゅ生のためにしるし
留置申候以上
文化五年辰五月吉日
元祖伊藤食行身禄佛
伊藤菊行道寿佛 三世
伊藤善行道山 二世
内 秀行道栄
記之

これは講の行者の権威が、師資相承の手順を踏んでいることをものがたっている。元祖は身禄なのであり、身禄教団といってもよい体裁なのである。

「元祖伊藤食行身禄佛」がいかなる場合でも出発点だった。身禄の教えを、代々の講の指導者が書写して、次の代に譲っていくという形式をとっているのである。それぞれの講文書は、「身禄のお伝え」をみても分かるように、原本すらはっきりしていない。講ごとに異本があるのである。ただ注目されるのは、講文書の中には、地域社会の実態に対応した表現をとるものもある。

丸嘉講田無組の場合、「蚕女郎御祭の本地」と称するユニークな内容をもつ文書が残されていた。これは養蚕地帯であり、養蚕に従う女性たちの心得を蚕女郎の祭りの由来とかねて説いたものである。元来女性の役割については、富士講は高く評価する傾向があり、これは農村部に行けば行くほど、女性を不浄視する思考が乏しくなる。養蚕という女にふさわしい生業が発達すると、「女子は家の内に住事は蚕女郎の心なり」という表現で、女の仕事を富士講の立場から位置づけようとしていたと思われる。

富士講秘巻は、別として、各講の行者がおふせぎとお焚き上げという呪法を駆使していたことは知られている。それら呪法を行なう聖なる空間がすなわち富士塚、浅間塚である。近世末期に築造された江戸の大部分の富士塚は、身禄の富士講以前にその原型に近いものがあったと予想されている。

毎月信者が富士塚周辺に集まって来て、日待を行なっているわけだが、いったい富士塚にはどういう思想的背景が存在したのであろうか。

江戸の富士塚は、安永八年（一七七九）に、江戸高田の富士行者藤四郎によって、高田水稲荷の境内に、はじめて建立された。

この藤四郎は、当時かなり有名な富士行者だった。『百家琦行伝《ひゃっかきこうでん》』にも、藤四郎は登録されており、彼の言として、「世人仏法を信じて極楽に往かん事を願ふ者多し、然れども誰か一人極楽へ行きて看て来たる者なし。死しての向《さき》の事何ぞ頼みならんや。富士は三国にただ一箇の山にして、登れば最も天に近く是れ則ち天上に生を得たる心地するなり（中略）寔《まこと》に極楽といふは爰より外にはあらじと思ひ侍ふ、釈尊の説き給ひし極楽は、十万億土の末にありて、凡人の行きて拝むこと能はず、我們《われら》が信ずる富士山上の極楽は、一年に一度づつ拝まるるを以て、只管《ひたすら》富士へ参登つかまつりぬ」と記されている。

いかにも現実的な江戸町人の世界観が示されている。仏教上の極楽は、十万億土の彼方にあって、実際に拝むことはできない。それに対し、富士山上の極楽は、一年に一度登拝すれば、現実に見ることが可能なのだと説いている。

藤四郎は、植木屋であり、熱心な富士行者の一人だった。右のような現実的な理解は、やがて富士塚の造立に至ったのである。すなわち、江戸町人が富士山に実際に登山することは、肉体的にかなりの苦痛を伴う。とくに女性の登山の場合は、障りが多いため、山が大荒れになる。『十方庵遊歴雑記《じっぽうあんゆうれきざっき》』には、「老若ともに登山なりがたきを歎き、藤四郎心願を起し、ここに富嶽を摸して、男女老少ともに心安く登山するようにとて築立しものなり」と記されている。いわば、富士山の写しを具体化したのであるが、その発想はあくまで、富士を身近かな日常世界に置き換えるという現世的思考にもとづいたものだった。

この考え方は、きわめて興味深い。駿河国に聳え立つ霊峰富士は、江戸町人にとっての一つの他界にほかならないが、藤四郎の言うように、一年に一度は行くことのできる聖地であり、彼の言では十万億土ならぬ現実の極楽と表現されたが、これは一種のユートピアでもあった。そのユートピアに行くには、やはり長期の旅が伴い、それなりにかなりの苦労がある。老人や子供、女性ともなると、口ほどには簡単に富士登拝できるものではない。

藤四郎は、江戸市内に富士塚を作り、そうした民衆の潜在的な欲望を満たす方向を開いた。「二月三日より富士行者何がしをはじめて、かたはらの山をきりたひらげ、その土を以て新たに山のかたちをきづく。それより老若男女を論ぜず、うぶ子這ふ子に至るまで、われもわれもと土をはこぶ」（朱楽菅江『大抵御覧』）というのは、高田の富士塚築造の状況を示して大変面白い戯文の一節である（岩科小一郎「富士塚概説」『富士講と富士塚』所収、一九七八年）。富士塚が、江戸に出現することが大歓迎されていたことがよく分かるのである。

東身禄山

中山保高『富士講唱文独見秘書』には、「元文元丙辰年初て江戸身禄同行と申を取立、元祖御慈悲御願行の御志を継、信心相続仕候て、五輪の道を明らめ御伝への道堅相守、安永二癸巳年迄都合年数五十三年、無レ滞爾山禅定大願成就仕、猶又万法衆生老若男女済度の為、高田水稲荷境内に東身禄山と申、爾富山の御うつしを建立致（下略）」と記されている。この富士塚は、東身禄山として、弥勒下生の地という認識があったのである。

前述したように、元禄元年辰の年以降、世の終末があって、ふたたび「女綱男綱」はつなぎ直され、富士講のいう「おふりかわり」がなされた。「みろくの御世」という弥勒下生の段階は、享保十六年六月十三日であり、「これよりしては、身禄の御世」という意志が、富士行者身禄によって認定された。そして享保十八年、身禄は、富士山頂で入定自殺をしたのである。

元文元年辰の年は、身禄入定を受けて、身禄同行が組織として整ったことを示す段階なのだろう。安永八年（一七七九）に、東身禄山が建設されたことは、「みろくの御世」実現のための宗教行動の一つの表われとみて差支えないであろう。

富士講信者の間に口碑として伝えられている「おうた」をみると（伊藤堅吉『おうた考』昭和三八年）、

身可けさす山者不二乃祢いつ登ても
　南無阿弥陀仏乃浄土なり計り

という富士＝阿弥陀浄土の意識があり、そこが極楽だと考える思考が底流にある。

曇りなくみな三国へ澄みわたる
　都卒天にぞ名を残しおく
富士の山名は三国へ弘めおき
　都卒天にて見るぞ嬉しき
川上の玉の光を独り出て
　都卒天にぞ身は参りける
烏帽子岩身禄の岳と題われて

三方目出度ぅ戸をささぬ御代

といったように、富士を弥勒の浄土＝都卒天とはっきりうたっている点が目立っている。富士講にとって、「烏帽子岩」は、身禄入定の聖地として知られており、この地点を「身禄の岳」と認めているのである。

富士山を身禄の山と認識したことは、その前提として阿弥陀浄土＝極楽から転じた弥勒の浄土＝都卒天のとらえ方があったためである。身禄入定は、あたかも空海の弥勒下生を前提とした入定に比定されるものであり、数多くの民間の行者たちが、実修した入定行為と類似する行為とみてよいであろう。

富士塚の儀礼

高田富士の東身禄山が作られた後、富士塚は江戸とその周辺の農村部に簇出した。最近明らかにされた調査結果によると、次の通りである。

（×印は破却され現存しない。△は改造され旧態を損じている。）

安永8（一七七九）　高　田　（新宿区）
寛政1（――八九）　千駄ケ谷　（渋谷区）
〃2（――九〇）　築地鉄砲洲△　（中央区）
文化9（一八一二）　目黒元富士×　（目黒区）

〃11（一八一四）十　条　　（北　区）
〃14（一八一七）音羽護国寺　　（文京区）
文政2（一八一九）目黒新富士×　（目黒区）
〃3（一八二〇）深川八幡　×　（江東区）
〃7（一八二四）千住川田　　（足立区）
〃9（一八二六）小石川白山×　（文京区）
〃11（一八二八）下谷坂本　　（台東区）
天保4（一八三三）砂町元八幡△　（江東区）
〃5（一八三四）羽　田　△　（大田区）
〃10（一八三九）江古田　　（練馬区）
〃13（一八四二）東大久保　　（新宿区）
〃13（　〃　）打　越　　（中野区）
弘化2（一八四五）成　宗　×　（杉並区）
安政2（一八五五）板　橋　△　（板橋区）
文久2（一八六二）椎名町　　（豊島区）
慶応1（一八六五）南千住　　（荒川区）
（前掲『富士講と富士塚』四〇頁所収）

　ここで注目されるのは、富士塚の祭りが六月一日に行なわれるという事実である。先の富士行者藤四郎が造った高田富士をはじめとして、その他の富士塚登拝については、『東都歳事記』に、

六月朔日、富士参り前日より群集す。駒込境内見世物諸商人出、道すがら幟提灯等多く出す。浅草砂利場当所わけて参詣人多し、深川八幡宮境内文化年中石を以て富士山の形を造る。昨今登る事をゆるす。同一ノ鳥居の右。同森下町神明宮内。鉄砲洲稲荷内。茅場町天満宮境内。池ノ端七軒町飾り物あり。柳原柳森稲荷の内。神田明神社地。神田松下町不動内。小網町たうか堀稲荷内。下谷小野照崎明神社地文政十一年の夏山を築り。高輪泉岳寺如来寺。本所六ッ目。目黒行人坂。

其余挙てかぞふべからず、都て石をたたみて富士をつくる事、近世の流行なり。（下略）

と記している。興味深いことは、六月一日の項には、富士講最古の富士塚というべき高田富士の名前がないことである。それは六月十五日になっている。そこの記述の中に、「駒込に同じく麦藁の蛇を商ふ。庭中水茶屋諸商人多く出る」と書かれている。すなわち高田富士は、駒込富士のやり方を真似していることになる。

　駒込富士も富士塚であるが、これは一般に別扱いを受けて、富士講信者の直接築造に関わったものではないとされている。現状をみるとやはり小高い丘であるが、古墳との説もあ

る。しかしはっきり証拠があるわけではない。従来の研究では、中世以来の浅間塚の系譜を引くものとしている。これは富士の浅間神社の分布圏と一致するもので、富士を眺望できる小高い丘に塚を築き、中世の富士の道者や浅間御師が、祭祀を行なった、いわば祭壇の痕というわけである。

駒込富士は、中世の浅間塚として残存する唯一のものと考えられているが、多くの縁起類には、駒込富士について不思議の霊験をかかげている。すなわちそれは慶長八年六月朔日に、浅間塚に雪が降ったという話である。『慶長見聞集』には、「本郷といふ在所に昔より小塚の上にほこら一つ有て、富士浅間立せ給ふといへども、在所のもの信敬せざれば他人是を知らず。然所に近隣、こまごめといふ里に人有て、せんげん駒こめへ飛来り給ふといふて、つかをつき、其上に草の庵を結び、御幣を立置きつれば、まうでの袖群集せり（下略）」と記している。

最初本郷の小塚に、浅間が降臨した。人々が気づかないでいると、今度は、本郷から駒込に神霊が飛来したというのである。塚を築き御幣を置いたというのだから、特別の祭壇を設けたことになろう。

そこで駒込以前の本郷の浅間が問題になるのだが、伝説上では、「かの所にちいさき山あり、山の上に大なる木あり。その木のもとに六月朔日に大雪ふりつもる。諸人此木の本に立よればかならずたたりあり、この故に人みなおそれて木の本に小社をつくり、時ならぬ大雪のふりける故をもって富士権現をくわんじやう申けり（下略）」と記憶されていた。

六月一日に浅間を祀る風習は、すでに鎌倉あたりでは普遍的だったようだが、近世以前の江戸地方では、まだ浸透していなかった。それが、江戸の本郷でまず浅間勧請の端緒が開かれたのである。

ここで炎暑の候に雪が降ったという信仰は、一つの奇蹟に対する説明であろう。雪は又正月の時期を象徴するわけだから、見方によっては、ふたたび正月つまり年のはじめを迎えたことになる。

『新編武蔵風土記稿』巻之百九十一にのせられた「岩殿観音」は、かつて柳田国男も注目したが、やはり六月朔日に雪が降った地点だった。大昔この地を通った坂上田村麻呂がこの観音堂で通夜し、悪竜を射殺したことがあったが、それはちょうど六月初旬で炎暑の候でもあった。そのとき突如寒気がおそい、雪がさんさんと降ったので、人夫たちはかがり火を焚いた。これが今も六月一日に家ごとに焚火をたく名残りだというのである。

六月一日の雪と焚火＝火祭りの因果関係がよく示された話である。そして注意されることは、富士浅間信仰はここに直接関わっているわけではないことである。

やはり『新編武蔵風土記稿』巻之二百十六に、埼玉県行田市の浅間神社と塚について記しているが、ここでははっきり富士行者の関与が示されている（小島瓔礼「富士塚と六月一日の雪」『相模民俗』四一号）。

この地で昔、富士の行者が命が終わるとき、ここに雪を降らすべしと予言した。そしていよいよ六月一日になったら、果たして雪が降ったので領主成田下総守氏長が奇異の思いをなして、そこに塚を築造した。家臣の一人新井新左衛門が、領主の命により浅間社をここに勧請したのである。以後祭りのときに、この新井家の代々の子孫が、注連竹を納めるという。

したがって、逆に火を操る呪者が、雪の奇蹟の説明に登場してくることは当然あり得る。富士講が関係する以前に、年の変わり目にあたる六月一日を再認識させるために、奇蹟譚が起こったとすると、万年雪を夏でも積らせているわけだから、富士の白雪が、その地に降ってくることになるのであり、富士信仰もそこに附随してくることになったと思われる。しかし奇蹟譚はめったに信じ難いことであり、むしろ後世には、夏の雪よりも六月一日の火祭りのほうが民俗として強く表へ出てきたのである。

六月一日の雪

前記小島瓔礼氏も指摘しているが、新井新左衛門家が納める注連竹は、かつて富士行者が二本の竹をもって入定した故事に由来するのだろう。重要なことは、富士塚における富士行者の入定という事実が、雪の伝説にさらに伴ったことである。

雪と火とが、うらはらに関わっていることは、一方に冬の寒さを予想させているからだが、清浄な聖なる空間の現出という意味を込められているのである。

栃木県佐野市内には浅間山とか浅間塚の名称があちこちに見られる。市内の堀米地区奈良渕には、二百米ほどの高さの小山があるが、遠くからみると小型の富士山のような形をしている。山頂と山の中腹に凸起した部分があり、上のほうを男浅間、下のほうを女浅間とよんでいる。頂上に社殿があり、木花咲耶姫命が祀られている。言い伝えでは、大昔この地に富士山から白い御幣が降ってきたので、それを祀りこめたのだという。伝説では、その頃藤原秀郷が近くの唐沢山に城を築いた。その後周辺に藤原一族が住みついていたという。藤原一族はその勢威を誇示するため、山上で火を焚いたのが、火祭りの起こりだと説明する。この火祭りは、旧六月一日に現在も行なわれている。五月晦日の夕方になると、コーチごとに麦わらを集め、若者が中心となり山頂の社殿まで背負っていく。山頂には、やぐらが組まれており、麦わらはその周囲にうずたかく積み上げられ、やぐらに巻きつけられるので、円錐状の塔のようになる。六月一日になると、夕方から近隣の者たちが参拝にやってくる。地元の奈良渕からは旧家の間から、毎年七名の氏子総代を出している。この旧家というのは、若田部、奥沢、亀山などのイッケ（一家）であり、伝説では、藤原一族の家系だと伝える。それぞれ同族ごとのまとまりは強く、若田部イッケでは根本神社という同族神を祀っている。

六月一日に各家で五合ずつ米を集め、その中から一斗分だけ別にして、イッケの本家筋にあたる三戸の主人が、唐沢山神社へ奉納するため持参するのである。その際、とりわけ藤原秀郷に近いといわれている若田部イッケの本家（家号をダイジンという）に祀られている鏡を秘かに持参するという。この鏡は、実は唐沢山神社のご神体だとする説もあった。

これら氏子総代たちが唐沢山神社に参拝している間、村の若者たちは、円錐状のわらの塔に火をつけて、大声でときの声をあげる。参拝に集まった者たち、それぞれが持参した松明に、火を移してから、一目散に山を駆け下りてきて、自分の家の門口にともした。そうすれば、決して疫病にかからないという言い伝えがある。この火祭りは夏の疫病除けに霊験があるというのである。以前一時火祭りを中止したことがあるが、そうしたらば中止を主張した若者の一人が、その年大変な熱病にかかったので、再開したのだという。

この火祭りを、浅間さんのお焚き上げとよんでいる。お焚き上げは、富士行者の祈禱術の一種だった。かつて浅間山の麓には行屋があり、行者たちがそこでお籠りをしていたという。修行としては、水垢離を、行屋の脇でとる。そこに湧き水があって、水行する行者たちの世話は、近くの家の者があたっていた。行者たちは毎日水垢離をとり、明け方になると、日の出前には山頂に登り、日の出を拝んだ。昭和初期ごろまでは、この富士講行者の浅間山での修行が行なわれていたという。

山頂に至る登山道には、「安政三年丙辰四月庚申日建立、御室仙元宮、二合目」の石碑があり、当時の勢威がしのばれる。

この浅間山は、この地域の聖山として位置していた。この山の神は、黒豆を嫌うというので氏子たちは、この村では決して黒豆を作らないという禁忌もある。雨乞いも以前この山頂で行なわれていた。浅間さんのお焚き上げは、六月一日の火祭りである点に問題がある。この火を用いることは、災厄除けに利益があることになるが、富士行者がお焚き上げとして行なった呪法が、先行するものか、本来民俗的に災厄除けとして、六月一日に焚いた火祭りに、富士講の儀礼が附加したのか、にわかに判断はしにくい。

奈良渕部落の浅間山は、佐野市内でもっとも有名な浅間山であるが、元来この地域には、富士講が数多く展開している。各行者は、教派神道扶桑教で教導職、訓導などの位を得ている。「大先達飯嶋星行謚珍比古命碑　富士登拝七十七度修行」などの石碑も建てられており、有能な行者は、浅間塚を築き、浅間大神を祀りこめた。行者の護摩焚きは、地域住民によく知られており、吉相占いや火難除けの際に使われた。どの講でも六月一日の浅間祭りは欠かせぬものとされていた。この日にかならずお焚き上げがあり、又火渡りの行もあった。要するにこの場合六月一日は、富士講にとっても、火を中心とした祭りを行なう重要な折目という認識があったのである（『佐野市史』民俗編、六五七〜六七二頁）。

こうした民俗事象の深層には、どのような民俗核というべきものが潜んでいるのか、興味深いものがある。たんなる祭壇としての富士塚だけではなく、真夏に白い雪が降ったり、炎暑の候に焚火をしたりする行為は、何らかの民俗的意味がある。

それを解く鍵は、この祭りが六月一日に行なわれることにあるようだ。この日は、新たに生まれ代わる日、一年を両分する日という認識が民俗心意として存在しているといえる。

六月一日についての民俗学的な解釈は、従来も行なわれてきているが、この日を正月元日と対比させて考えていることが注意されよう。五月晦日を大晦日とし、六月朔日を元日として正月を祝う。「六月朔日世俗今日を以て元日とし、雑煮を祝うものあり、もと宮中より出でしことゝなん」（『半日閑話』）という説も流布しているが、かならずしも宮中発祥というわけではない。むしろ民俗に基盤をもつことも推察される。

菊池貴一郎『絵本江戸風俗往来』には、「年々六月朔日は早朝より、町々家並み残らず軒下へ線香を点じけるは、富士浅間宮へ奉るとかや」とし、この日の浅間参りの年中行事化したことを示している。

「例年葉月朔日は山開とて、深川八幡宮社内の富士、駒込の富士、さては浅草富士横町の富士大菩薩、その外富士浅間を祭れる諸社内、寺内等の群集夥し。何れの富士祭にても麦わら造りの蛇を商う店立ち並ぶ。この蛇を求めて家に置く時は、火防なりとぞ、江戸の火災甚だしき頃なるより、求めざるものなかりし」と記されている。この麦わらについては、駒込がはじまりで、宝永ごろ、喜八という百姓が作ったといわれる。この日を別にムケノセック、キヌヌギノツイタチというのは、蛇が桑の木の下で皮を脱ぐ日だという。同様に人間も脱皮新生するという感覚が潜んでいると思われる。縁起物の麦わら蛇は、そうした六月一日を迎える心意の表現の一つといえる。

男綱女綱のつなぎ合わせ

前述したように、身禄行者が主張したのは、現実の世界で一生懸命「身を禄にしておれば、身禄の世に生まれてくる」という「生まれ増理《ますことわり》」である。いわば人間中心主義的な発想をしている点が興味深い。別言すれば、再生するという考えを持っているとみえる。そして、男綱女綱をつなぎ合わせるというのは、いわば男女のバランスを意味するのであって、これは男女平等の考え方を表わしているのである。

富士山は男性を中心とした山岳ではなく、女性を平等に扱った山岳他界であるという理解が生まれていた。この点は、当時の宗教社会のあり方のなかでは特徴のあるものであった。女性は本来穢れているものだという伝統的な不浄思想があり、これが女性蔑視につながっていたからである。

男女平等観

たとえば五障三従の教えなどというように、男性と比べて、現実の世界では、女性はきわめて差別されたかたちに位置づけられていた。

それに対して、富士講の「身禄の御代」では、男と女は平等につなぎ合わされるところで生まれてくるという発想を持っていた。こういう富士講の、富士に対する世界観における女性の位置づけは、穢れを一切不浄とみなさないという考え方によっているといえよう。

身禄には男の子はおらず、娘が三人いたが彼の死後、その跡を継ぐのは、世間的には女であるから普通は不可能なのであるが、三人の娘の間で最も霊力が大きかったといわれる末娘の花が、伊藤参行《さんぎょう》とともに後継者となり、富士講は継承されていったのであった。お花には霊的な力があったようで、それを理論化した伊藤参行とお花とを中心にしたかたちで富士講はさらに拡大していった。

不二道

そして、この流れは埼玉県鳩ケ谷市の国学者小谷三志《こたにさんし》を中心とした不二道に受け継がれたのである。富士講の中のさまざまな教えは、不二道の中にアレンジされていったといえる。不二道は多くの教理をつくり出しているが、それは、国学者である小谷三志の思想的な影響によるものであった。従来マジカルであったまじないの方法は、不二道の段階になると弱められ、逆に「身禄の世」の構想を、はっきりと位置づけていくような動きが出ている。では、多勢の信者を集めた「身禄の世」は、いったいどういうかたちのものだったのであろうか。

男女の和合

一つは男女の和合によって成り立つという考え方である。男女の和合ということは、いろいろな説明ができるが、つまり陰陽和合であり、男女が平等であって、その間に成り立つ男女間のセックスのあり方が根源的な力を発揮するということであり、これを教理にしている。こうした考え方は当時としてはきわめて新しいものであった。女の穢れを認めないでいる。だからかえって月経を貴重なものと考えた。女が一人前になり、結婚して子供を産む力を持つことにつながっていくからであり、いわば性は産むためにあるという考え方であった。つまり、妊娠可能な女性が価値のある女性なのであり、したがって一人前の女になることはたいへん歓迎されている。

このときに身禄はどういう役割をしているかというと、男性側の代表として出てくる。女のほうの代表は花が出ている。ただ身禄の再来が、伊藤参行となっており、身禄の末娘お花と男女一対、つまり陰陽和合の調節をするパートナーに位置づけられていた。これは、身禄と花のカップルであると、父親と娘の間になるが、現実には、参行と花の組み合わせであることに留意しておきたい。

理想的な男性と理想的な女性である身禄と花が、男と女の代表となって合体する。ここで花という表現には、象徴的な意味がこめられていた。すなわち稲の花というような意識があったようである。身禄というのは米の菩薩で、これは男であり、父である。花は女であり、娘であるが、信者の間では親子というふうに見ていない。男と女というように見て、この両者の合体が物を産み出す根源になる。加えて、伊藤参行のほうに、自らが身禄の生まれ代りだという意識があった。身禄と花が合体することによって、新たな子供が誕生するが、その子が誕生してくる段階で、男と女とはたえず平等になって結ばれなくてはいけない、という理解をしていた。男と女のどちらかが欠けていてはいけない。重要なことは「身禄の世」が真に充実したものにならなくてはいけない。そのためには、男と女が平等な立場で性行為を行なうのが前提であり、かつそれは出産のためであった。したがって出産の行為は神聖な祭りだという説き方をしている。

出産の尊さ

不二道は、出産の方法を非常にこと細かに教え込んでおり、その教え、技術は和讃のようなかたちで表現されている。

男と女がそれぞれ一人前になった段階では、両者は理にかなった出産法をしなくてはいけない。それは男が女になり、女が男になる状態で初めて、男女の合体がスムーズにいくという説き方をしているのである（拙著『神の民俗誌』）。

男が女に、女が男に

これはたいへんめずらしい考え方で、男が女らしくなるというのは、たとえば、男のほうが女の格好をして、内股で歩いて、楚々とした立居振舞をする。そして女のほうは尻を端折って、ガニ股で闊歩するという具合いである。女が男装し男が女装をそれぞれがすることであり、そのことが生活態度にも表われてくる。男はおとなしくなり、女は威勢がよくならなくてはいけない。立居振舞において男女の位置が逆転し、女がだんなになり男の振りをするという、これが一種の「ふりかわり」と認識されていた。

ふりかわり

「ふりかわり」というのは、世がかわるという意味であった。この世での男女の位置が逆転するような事態が、理想的とみられた。そのような状態で夫婦が性交をするときにはよい子が生まれてくるというのである。

生むための方法という点についても、非常に細かく書いてあって、いわゆる正常位を説いているが、なぜ正常位をとるかということについては、男が上になり女が下になるのは女の体質である火が上にあがり、男の体質である水が下に落ちる。その両者が合体するのがいちばんいいのだという。ただし、男女の位置が逆転した段階では、女が上になり男が下になる。女の性格は水であり、これが下に流れていき、男は火で上にあがっていく。この両者が合体すると、男と女が秩序正しく接合する。これは普通のあり方と「ふりかわり」のあり方との両方を、男と女は、それぞれ体験しなくてはいけないということを説いているわけで、このことを和讃形式にして書いているのである。たとえば、「十月《とつき》の道をあらためて　女が上に　下男、女の性は水なれば、下へ流るるものぞかし、男は火にてのぼるもの　いままで十月はよをあわせ　ふりかわりなばいだき合い　これむつまじきたねづくり」等々と記しているのである。

次には生まれてくるときの方法で、こうしたやり方がいちばん成功するという。生まれてくる場合に「女がうつむき、男あおむきまして生まれます　月も日もつきのびまして　十月《とつき》十日《とおか》となりまする　女か左右もかわりまし　男右になりました　足から産むもたんとできこれ順産になるぞかし」ということで、普通は頭から生まれるものであるが、「足から産むもたんとでき」というのは逆転した発想で、「ふりかわり」の結果であろう。それも「これ順産になるぞかし」といっている。

こういうテクニックをこと細かに説いている背景には、男と女の地位を逆転させてセックスをすれば、本来男であるけれども女のかたちがわかってくる、女であるけれども、男がわかってくるという状態を確認していることになる。それで初めて真に「身禄の御代」においいて望まれる性が可能であるとある。そして生まれた子供こそは、「ミロクの世」に生まれかわれるという説き方をしているのである。こういう考えを現代流行のウーマンリブの運動では、果たしてどのように説明するのであろうか。不二道は一九世紀後半にこうした男女の性の平等性を農民に説いているのである。

当時の農民は朝から晩まで働いて、夕方家に帰ってきても、テレビやラジオがあるわけではないから、やることといえば男と女の性行為であろう。その方法をこと細かに教えることによって子供を産み出す。この産むことが、農耕の豊穣を意図していることは明らかであった。産むというのは、人間だけの生殖作用ではなくて、同時に「身禄と花」という稲の花が実るのだという豊穣を意図する発想をとっているといえよう。

富士講は身禄のあとの参行やお花の段階に至って、次第に江戸の近郊農村に広がっていったのであるが、広がっていく大きな理由の一つに、このような農民に対して、男女平等と産む性を教え込んだという点がある。こうした問題は、仏教上の弥勒信仰が本来持っていたメシアニズム、それに伴った反体制宗教運動と比較した場合に、たいへんおもしろいかたちであると思う。

近代中国史の流れの中に現われている弥勒中心の民衆運動と比較した場合、日本の弥勒信仰の富士講ミロクのあり方はいささか異質であろう。弥勒教匪による反乱の弥勒信仰が、日本の社会では子供の産み方を教えているというわけである。

ただ、こうした考え方は日本で突然出てきたのではない。それは農耕社会を維持継続していくためであり、そのためには飢饉を避けて豊穣をもたらさなければならない。そのためにはたくさんの作物を作ることが必要である。そして夜は人間が生殖行為をすることによって、それが「もどき」の作用で、人間が豊かになれば同時に稲のほうも豊かになるという発想が、国学の影響を受けた不二道の教理にはあるのである。

こうした思考が農民の意識の中に浸透する一つのきっかけになるのであって、このことは日本の農村社会に展開した民衆思想を知るうえで重要であろう。

富士講のミロク信仰がこのようなかたちで定着したという点に、一つの特徴があると思われる。

女の不浄

ところで、不二道における富士信仰から表出した女性観と比べると、既成の仏教や神道では男女間の差別をはっきりと認めている。つまり女性は毎月、月経があるために穢れているから救われない。そうした女性を救うために、とくに血の池地獄へと落とさないために、いろいろな呪法をしなくてはいけない。仏教のほうでは血盆経の存在が説かれた。神道のほうでは血の不浄を前提とするから神社に参拝を許さない。とくに出産の穢れを忌避して妊婦を神社の境内に入れてはいけないという考え方を持っている。

それに対して、弥勒信仰を展開させた富士講と不二道のなかでは、積極的に子供を産ませていくということを目標に置いているから、血の穢れなどということは前提に置かない。それは、男女間の差別を認めていないという考えを展開させる大きな根拠になっているといえよう。

女の直訴

富士講と弥勒の問題は以上のようなかたちであるが、もう一つ付け加えておきたいのは、「身禄の御代」を現実に具体化させるため、富士講は公許運動として直訴するかたちをとっていたことである。その場合、普通は訴状を持って訴え出るのは男性である。百姓一揆などでは名主が代表になって、捨て身の覚悟で老中の駕籠の前に書状を差し出すが、富士講の場合は直訴するのは女性である。それがいちばん明らかになったのは寛政元年（一七八九）で、そよという女性が老中の駕籠の前に訴状を差し出している。お花も直訴したといわれているが、このほうは余り証拠がないようである。

寛政年間に直訴したそよは幕臣永井要右衛門の妻で、彼女が願書を老中松平定信に差し出したため、社会的な事件になったのである。

注目されるのは、直訴をしたものが、男性の行者ではなくて、女性の行者であったことである。お花というような女性の指導者もいたのであるから、富士信仰が非常に早い時期に男女間の差別を否定していることは明らかであった。女性の指導者が介入しているために、産む性という問題が重視されていたといえるであろう。

富士講身禄の道統をよく受け継いだとみられている不二道の伊藤参行の著作を、宮崎ふみ子氏はくわしく分析し、三つの世界が通時的に設定されていることを指摘している（宮崎「不二道の歴史観」『現代宗教』２）。

すなわち、この世界は全部で四万八千年余の時間から成り、「元のちちはは様の世」「神代」「みろくの御世」の三段階がある。

「元のちちはは様の世」は、始源の世界であった。元の父母は創造主で男女の夫婦神であって、日本の地を固め、万物を作り、人間と米を産み出したという。

元の父母が支配した世界は、六千年続き、次に天照大神に地の支配を委ねた。日本は神代となり、神国となる。そして「元禄元年辰の六月十五日」に、神代は終わったという。その間の事情については、

> 元禄元年辰の六月十五日の辰のこく辰の一天と申に、御藤山御八町様の釈迦のわり石と申とそつ天と申所において、男つな女つなお御つなぎ（中略）、それよりわ天照大神宮わ御役目お御取り上被レ為レ遊、百弐拾まっしゃともわみなはらい被レ為レ遊候

という記述のように、天照大神の「神代」にかわって、「とそつ天」が現実化したことを示している。それは、「みろくの御世」なのだが、南無仙元大菩薩が直接支配する世界とされている。南無仙元大菩薩は、神仏習合の結果作られた富士山神に対する名称で、一般に浅間菩薩として知られており、富士講においても浅間＝仙元の名で採用していた。富士山の山頂

近くに、具体的に兜率天が存在しているとみるのは、伝統的な山中他界観に基づくもので、ちょうど吉野の金峯山を弥勒の浄土と考えたのと同様であろう。久安五年（一一四九）、富士上人末代が、東海・東山両道を勧進し、富士山頂に埋経の発願をした。その際の願文に「三会之初、値慈尊之出世」と記されていたというから、この地が弥勒下生の地に想定されていたことは間違いない。

釈迦の割石に兜率天があるという説明ははなはだ示唆的である。釈迦が支配する聖地がそのまま弥勒の世に変化すると解されるからである。この兜率天で、身禄《みろく》ぼさつを名のっているのだから、仙元大菩薩の支配する世だと称しているものの、「御改め役人」として実際には、身禄が支配しているとも予想される。

そうした「みろくの御世」が、実現したという元禄元年辰の年は、神代がつづいた一万二千年後「みろくの御世」となった。そしてこの世界は、約三万年継続することになる。

それにしても、元禄元年六月十五日が、不二道の「おふりかわり」となる根拠は何であったのかは明確ではない。前記論文で、宮崎氏は、神代における終末観の存在を指摘していて興味深い。それは陰陽和合を軸として世界が構成されているという認識から説明されている。すなわち神代では、陽と陰のバランスが崩れ、猛火と洪水がひき起こされ、世界は泥の海となり、全ての生物は生命を失い、世界は滅亡する。そのときが元禄元年六月十五日と予定されている。

だが実際には、仙元大菩薩が、男綱と女綱をつなぎ合わせることによって、つまり陰陽和合のバランスを保つことによって、大破局を回避したというのである。

　現実の社会状勢では、身禄が綱吉の悪政と、吉宗の享保の改革を糾弾している事実から、観念的な末世観だけではなかったことが分かる。

　神代は、悪の世界であり、これを否定して「みろくの御世」が出現するという思考は、前出の釈迦の世と弥勒の世の交替と類似する構造を示している。日本の伝承的世界におけるミロク信仰の日本型とは、別個の志向をとっているといえるかも知れない。

　だが、理想世を始源の世とした朝鮮型の表出はここには見られていない。「元の父母」「神代」「みろくの御世」の三者の関係は、「神代」から「みろくの御代」への変革についてはかなり説得性を帯びた表現をとるが、「元の父母」と「みろくの御世」の関連の仕方をみると、始源の世は新しい世界だという認識があるという。ただ元禄元年の時点で末世を措定するには、決定的に両者の対立を集約するだけの整合性に欠けているといえるだろう。その時点で、「神代」から「みろくの御世」へという結びつきは、現実に末世を媒介にするほど熟したものではなかった。

　不二道の伊藤参行による脚色はあるにしても、「みろくの御世」を通時的に把握していた不二道は、民俗的なミロク信仰と全く無縁であったとは言えない。「元の父母」の始源の世界は、多分、米の豊かな世界だったと想像される。それが神代における天子や将軍の統治に失政があって、悪の世に転落したのであるから、救世主が十分期待されているはずだが、その性格が十分に読みとれないのである。

三　鯰絵の世界

身を禄にする

富士の弥勒信仰は、江戸時代初期の長谷川角行のまじない、病気治しの考え方を出発点にしながら、思想的にだんだんと昇華して、江戸中期に身禄行者が「身を禄にする」という町人通俗道徳観を展開させた。その後、農村社会へと広がっていく段階で、稲の豊穣を意図する「身禄」という考え方が基本になった。そして、それを生殖・豊穣の観念に融合させていくという基本的な考え方が出てきたのである。

富士講は江戸町人の間でも、かなりの信者を集めており、江戸八百八講というほどであったから、かなりの人数のなかに、こうした考えが入り込んでいたことははっきりしていると思われる。ただ、一方では「ミロクの世」は、辰とか巳の年を基準にして、繰り返し起こってくるという考え方がベースとしてあるということである。逆に、突発的にはこの世は変わらないのだ、という思考を導き出すことになるであろう。そうした点を非常に具体的に感じさせるのが大地震なのである。

大地震の世直し

とくに安政二年（一八五五）の大地震の際に、「弥勒の世」の到来が予定されているのにたいし、一挙に世界中がひっくり返るというのは、たいへん困るという考えがあった。大地震は「世直し」という観念と結びついてはいるが、この「世直し」を諷刺した鯰絵《なまずえ》というものがイメージされた。鯰絵のなかのモチーフが日本の伝統的な「世直し」をよく表わしているといえよう。

鯰絵の主題

江戸時代末期の安政二年（一八五五）十月二日の夜江戸湾内を震源地とする直下型の大地震（マグニチュード六・三と推定されている）が江戸の町を襲い、多くの被害がもたらされた。そしてその直後、鯰の怪物を描いたユーモアと諷刺に富んだ版画が売られ、庶民がこぞってこれを買い求めて、一大ブームの観を呈したと伝えられている。これが今日「鯰絵」とよばれているものである。

浮世絵師が下絵を描いたと考えられる「鯰絵」は、芸術性に重きをおいたものではなく、江戸町人の一時的な欲求を満たすためのもので、護符や守り札として用いられたものも中にはあったが、多くは見たり読んだりして楽しんだのち、保存されることなく捨てられてしまったらしい。このため、今日まで残っている「鯰絵」はきわめて少なく、しかもその多くが海外に流出してしまっている。残念なことにも「鯰絵」の最大のコレクションは、百点近くの版画を所蔵する、オランダのライデンにある国立民族学博物館のものである。

ライデンの博物館にあるこの「鯰絵」に心をひかれたコルネリウス・アウエハント教授は、『鯰絵』（せりか書房）を著わした。この書物は、最近、日本語に訳され、注目を集めている。

安政大地震といえば、時代的には幕末の変動期の真只中であり、一方に社会的・政治的不安が高揚していた時期であった。この時点で世界の破局が地震というかたちで具体化し、「世直し鯰」を発現させたのであった。これを旧秩序の崩壊と新しい世界のはじまりととらえるのは、いささか図式的であるが、アウエハントによって、明らかにトリックスターとみなされ得る鯰男が、下層町人の側に蓄積されていた、「世直し」に対する潜在意識を顕在化させていたことは間違いないようである。

来訪神や常世などの民俗文化を背景として成立しながら、鯰男が異人化し、金持長者に償いだけを要求して目的を遂げたとする鯰絵における発想は、江戸という生活の場での、江戸町人たちの思考や気質とうらはらの関係にあるのではなかろうか。「世直し」は同時に「万《まん》歳楽《ざいらく》」であり、それが大地震と同義語とみなされていた事実もその点をもの語っている。ほぼ同時代の百姓一揆などにも、「世直祭」とか、「万歳楽」という表現の仕方があったこととも対比されるであろう。

一方、救済者であるはずの鯰男が、その根底の部分において、支配者である鹿島神の御子神ではなかろうかというアウエハントの指摘は、対立しながら補完し合う全体の中での救済者のイメージを予測させるものであり、少なくとも、救済者鯰男によるミレニアムへの展開は望めないことになるのである。

鯰男の意味

ところで、鯰絵のモチーフをもう一度検討しておきたい。

まず、鯰が人間になって鯰男となる。鯰男の上には鹿島の神がいるので、鹿島信仰と関係があることがわかる。そして、鹿島側を代表しているのが鹿島神の使いの事触れで、この事触れが予言をもたらす。問題は鯰男の描き方である。鯰男が明らかに主役になっている。その描き方はトリックスターである。つまり、道化とか、怪人鯰男といったイメージである。アウエハントは、鯰が両義的な側面を持っており、一つは破壊者であり、もう一つは救済者である、というモチーフを絵柄から推察している。

鹿島神

鯰絵の上方に立っているのが鹿島明神である。弓と矢を持ち、太陽を背景にして雲の上から下を見おろしている。これはこの世界の支配者ということを表わすのである。この鹿島の神のバックアップを受けているのは、金持ちの町人をはじめ武士が並んでおり、金持ちの僧侶、商家のおかみさん、武家の奥方というふうに、いわば体制側の人々が数えられる。一方、図の下方にいる鯰男は切腹しており、腹からは黄金小判をザクザク出している。明らかに、鯰男が鹿島明神の支配に屈伏して、黄金小判を返却しているわけである。つまり、大地

世直し鯰

震が起こると世界がひっくり返って、大勢の人が非常に困難な状態に陥る。地震を起こしたのは鯰男で、彼は世界を破壊してひっくり返そうとした。ところが、それは失敗して、鹿島の神によって支配され、ふたたび日常的な秩序が戻ってくるという考え方である。これは破壊者である鯰が、鹿島の神のもとに屈伏したという図であり、こういう図柄は出版された約四百枚のうちのほぼ七割を占めていたようである。残りは、いわゆる世直し鯰が主人公で、鯰が反乱を起こして日雇い人夫、職人、店借りの商人、女郎、大工、荒物屋、金物屋、材木屋といった下層町人たちを味方にして、金持ち連中をめちゃくちゃにやっつける。たとえば、鯰男が金持ちの町人をなぐったり、蹴ったりすると、町人はゲーゲーとゲロを吐く。それが黄金小判になって下に落ちてくるので、下層の町人は喜んでそれを奪い取るというモチーフを持ったものである。こういうものは、明らかに鯰が下層町人の味方になって、世界をひっくり返すという発想を持つ絵である。

この二つの図柄から、鯰が破壊者であると同時に救済者で、下層の町人たちを救うということになる。「世直し」というのは、この世の中をひっくり返して、新しい世にするということであり、新しい世界になるときに、金持ち町人たちを痛めつけて、金持ちが持っているものを奪い取り、下層町人を援助するという見方になっている。魚の王である鯰が、いろいろなかたちで人間の世界に擬人化して現われてくるというモチーフは、民俗信仰のなかにかなりある。とくに、予言をして災害を人々に伝えるというものなどがそれである。結局、この世の中がひっくり返るについては、鯰男が下層町人の味方をするけれども、それ以上にこの世の中が破壊されて、生存が不可能になるような事態は防がなければいけないという考え方が、一方では見受けられるのである。

風怪状の鯰への批難

こういう点については、鯰を逆に屈伏させせて、今後いっさい乱暴狼藉を働かないでくれ、という言い方をする文句が、当時の瓦版の一種である風怪状《かぜかいじょう》に見られた。それは安政の大地震の直後につくられたもので、鯰宛に書いた手紙形式となっている。その文句を見ると、「その方儀往古より大海に横行し候につき、蒲焼にも仰せつけられるはずのところ、ご憐愍をもって鹿島常陸の神の配下に申しつけ、地震蟄居罷在るべくところ、その後も古歌の定めも相守らず、刻限の差別なく、種々の病等流行いたさせ、諸人難儀に及ばしめ候段、軽からざる儀につき、先年水府卿より要人え糺し候みぎり、なおまた重ねての儀仰せつけられ候と

大鯰江戸のにぎわい

ころ、格別の趣をもってそのままになし置かれ候えば、なおまた、相慎みまかりあるべきところ、近ごろ相乱れ、越後の国並びに洛中等に乱暴に及び、地中より泥砂吹き出し候儀、全く弥勒出世の年限も相待たず、泥溜めにもいたすべき心底相聞え、はなはだ不埒の至りに候。改めて鹿島常陸の神えお預け、奈落え蟄居仰せつけられるものなり」と書かれている。

この中に「地中より泥砂吹き出し候儀、全く弥勒出世の年限も相待たず、泥溜めにもいたす……」とあるが、この中で「弥勒出世の年限」という表現が、予定されている五十六億七千万年という弥勒出世の観念であった。日本の場合はそんなに長期間でないけれども、ある時期にそういう時点に至るということは潜在的に考えていたのである。予定のタイムスケジュールがあるにもかかわらず、地中から泥砂を吹き出して、ひっくり返すのはたいへんけしからんというのが、右の風怪状の文章なのである。

また「ご改革のご趣意全く忘却し候」という言葉もある。改革していく目的が忘れ去られるというのである。弥勒仏が現われてくるのに合わせて、ゆっくりと、毎年繰り返しながら、そして十二年に一度ぐらいずつ改革されていくのだ、という発想をもったパンフレットが、民衆にばらまかれていたことになる。そのときに鯰が大地震を起こすのは、ご改革の趣も、弥勒出世の年限も待たないで行なっている行為であるから、批難されるというように戯文化されている。内容をおもしろくしているが、趣旨はきわめてはっきりしたもので、これは鯰を破壊者とみなす発想である。受けとるほうでは弥勒出世という発想を持っているから、それに対して鯰が極端な大破局をもたらすようなやり方で、世直しをするということについて、きわめて否定的な見解を示しているといえる。しかし、救済者としての鯰を一方では期待しているのである。海の向こうから大怪獣鯰がやってきて、江戸を沈没させてしまうというような意図を表明している鯰絵があり、下層町人にとっては、それがたいへん望ましいと考えられていたのである。

下層町人の期待

とくに下層町人たちの期待は、地震が起こるとお救い米がばらまかれることにあった。お救い米が数万俵、幕府の御用達によって、日ごろ米の飯などまともに食べられない連中に与えられる。「出すお救い数万の俵、御用幟の空吹く風に、勇み喜ぶ万の人が、上のご恩を忘れぬならば、日々の務めを出精すれば、神と神との心にかない、五穀実りて年毎に、世界豊かな目の前なれば、ここをよくよくわきまえ給え」という大地震の讃歌すらある。極端にいえば地震よ起これ、地震よ起これという発想にもなる、世直しへの期待の表われなのである。現実には、下層町人にとって米の価が安くなるということと、お救い米制度で米がただでもらえることとがある。とくに大地震が起こればそういう事態になるから、それなりに「世直し」の意味がはっきりする。そして、そういう事態をもたらしてくれる鯰男は、明らかに下層町人にとっては救い主である。これらの鯰絵の中から、日本の民衆の潜在的な意識がよく示されているのである。

要石・鯰・世直し

次に、鯰男が鹿島の大神宮で、大きな要石によって押さえ込まれている絵柄が多い。鹿島の神が油断して、要石がゆるむと地震が起こる。この要石に当たるのが、弥勒の石像である例があった。長野県上水内郡湯田中温泉の丘の一角に、弥勒の仏像が祀られ、地震の神様ということで、松代群発地震のときには多勢の参拝者があったという。これは石で地震を押さえており、地震が起こるたびに、弥勒の石仏はジワリジワリと大地に浮かび上がってくるというのである。地元では、この弥勒の仏像が全身を現わしたときに世の中はひっくり返り、世直しが起こると、古くから言い伝えられているということである。

鹿島の場合は、要石によって押さえ込んでおり、それが揺らぐと地震が起こって世直しが起こる。それを起こすのは鯰である。したがって、鯰は世の中を破壊するが、同時に世直しのメッセンジャーとして位置づけられていることが、明らかである。にもかかわらず、片方では弥勒出世の予定のコースを踏みはずした鯰男の行動は、直ちに弾圧されなければいけないというふうにとらえられている。アンビバレントな性格づけであるが、一般に日本国内には体制支持型の鯰絵が出回っており、残りの金持ちがいためつけられている反体制のほうの鯰絵は、日本には余りなく、多くヨーロッパに流出してしまったという皮肉な結果でもある。

ここでは救済者を待望するという考え方が鯰絵の中にうかがえて、それと弥勒出世との関係が基本にあるということを考えておきたいのである。

要石

世直しへの期待と否定

要するに、世の中が変革するというきっかけが、指導者のきちんとした変革のプログラムに基づいて進んでいくというものではなくて、突発的な大地震のようなかたちで世の中がひっくり返されるところにある。そして、救い主がそのときに現われてくるのだという、原初的な変革観が、大地震に対する観念の仕方の底流にあるといえる。

ところが、そうした事態が起こると、日本の民衆は直ちにそれを否定する。弥勒の世直しというのが一方にあるからである。それはゆっくりゆっくりとくる。ほぼ十二年に一度ずつ繰り返しやってくるのだからという意識であり、大地震の段階で起こる「世直し」を否定する方向を示す。このことは鯰絵の中によく見取れるのであった。

日本の世直し思想を考える場合、前述の富士講の不二道の思想もあるが、たとえば辰の年を基準にしてその前後に何が起こっているのかを見ると、大体見当がついてくるだろう。近代日本の段階で、大本教が、辰・巳の年に変革が起こるということを示唆した。これと同じ発想を持っている。こうした流れを一応理解しておきたいのである。

第八章　大本教の中の弥勒

一　神の啓示と予言

大本教の予言

明治に入って、もっとも注目される民衆宗教の代表的な存在は、大本教《おおもと》である。大本教をなぜ注目するのかというと、前出した「弥勒十年辰の年」の観念を、うまく取り入れた予言信仰を示しているからである。

大本教は周知のように、出口なおが、神の啓示を受けて創唱したものである。彼女は天理教の中山みきよりはやや遅れて現われてきている。出口なおが、神がかりをするとき、きわめて社会的機能面を強く発揮する時期が数回あった。最初は、明治二十五年辰の年にである。このとき有名な文言である「三千世界、一度に開く梅の花、艮《うしとら》の金神《こんじん》の世になりたぞよ」という大本教の初発の世界観といえるものが提示された。これが「お筆先き」と称される教祖の思想である。ここには「艮の金神の世」が構想されている。特に一つの特徴となっているのは、日本と他の国との間に戦争が起こるという予言がなされていることであった。先の辰の年の予言の中には、日清・日露・第一次世界大戦といった幾つかの戦争を予言する表現がある。

次に教団史の展開を見ると、「ミロクの世」ということを、出口なおがいち早く言っていたということがある。それは現実の世が「ミロクの世」になるという言い方なのである。さらに、「ミロクの世」が、明治二十五年辰の年の予言にも言われていたわけであるが、実際には明治三十七年辰の年という時期には日露戦争が起こっていた。明治三十七年に、世界に激しい争いが起こってきて、「ミロクの世」の政治が行なわれるようになる、という予言をしているのである。この場合、変性男子《へんじょうなんし》と変性女子《にょし》という表現が示されている点が注目される。変性男子・変性女子というのは、女であるけれども男の形になっている。男であるけれど女の形になっているということで、前章に示した不二道において男と女の逆転している構造が指摘されたわけであるが、これと同様な発想を大本教の中でも言っている点が注目される。男と女のいずれかが、変性男子あるいは変性女子になって、「ミロクの世」が組み立てられていくという、そういう捉え方をしているのである。

新しい弥勒思想を表現する教団の大本教が、こうした独自の構造を持っている点は注目されるであろう。

大正五年辰の年

明治三十七年の後の辰の年は、十二年後、つまり、大正五年にあたる西暦一九一六年の辰の年であった。この辰の年が注目されているのは、この年に、出口なおの後継者となった出口王仁《おに》三郎《さぶろう》が夢を見たという。夢の中で、海の中にホーロクを伏せたような一つの島が見えた。ホーロクは、お盆の底をやや深くしたような容器であるが、そのようなホーロクを伏せ

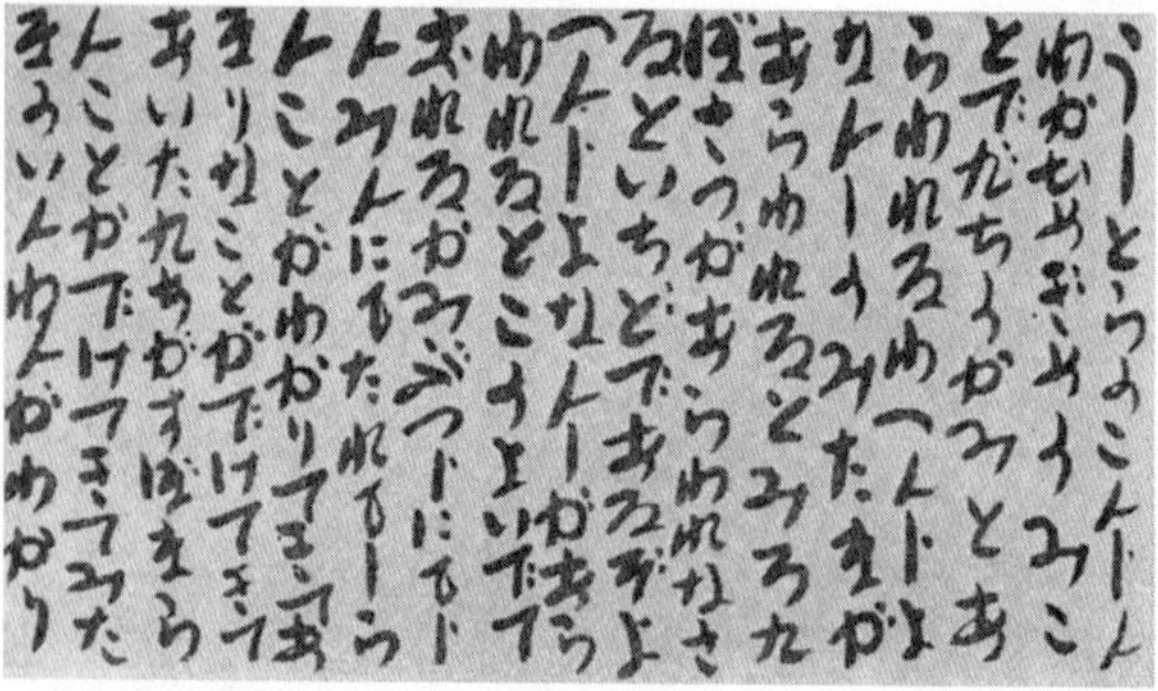

お筆先き

た一つの島が見えてきて、その島が次第に一つのイメージとなってきたというのである。

その後、王仁三郎は左の歯ぐきの上のあたりが急に痛くなってきた。ちょうど四十八日目に、そこから一つの骨が出てきたという。いわゆる軟骨である。それをよく見ると、以前自分が見た夢の中の島と、骨の形が一致していた。これは何かの啓示であるにちがいないと考えて、それと同じ形をした島を捜し求めたのである。その結果、兵庫県の高砂の沖にある神島という島がその島に当たることが分かった。これは高砂市の南西沖合約六カイリの所にある島であって、直径約半キロ、周囲約四キロの岩だらけの無人島である。地元の人々は神島とも炮烙《ほうろく》島とも呼んでいる。そしてこの島には龍神が住むと言い、大蛇がいるとも言われていた。この島が後に大本教の聖地となるわけである。

大本教は、この無人島を神島と名付けた。この神島の中に特別な神霊が来臨することを予知して、王仁三郎は、信者達一行六十人と共に、大阪の梅田を出発し、鉄道で高砂市に向かった。大正五年六月二十五日のことである。出発のころ雨が降り出したが、高砂市に着いた頃には、ますます激しくドシャ降りとなり、風も吹き始めた。暴風雨の状態になっていて、船頭はとても舟を出すのは無理だと思ったが、なんとかしなければならない。出口王仁三郎は、自分は男であるが女になるとして女装をし、女の姿になって舟に乗った。女装の出口王仁三郎とその一行が出発する頃になると、どういうわけか雨風もおさまってきて、海も鎮まってきた。舟はやがて神島に着き、上陸した。無人島であるから草木がぼうぼうと生い繁っているわけである。その中を突き進んでいき、上陸地点から三〇〇メートルぐらいの所に祭場を設け、そこで儀礼を行なった。

このときにいかなる神が降臨して来たのかというと、それは多分ミロクの神であるといわれる。出口なおの大正五年辰の年の「お筆先き」によると、このミロク様の霊はみな神島へ落ちてきて、「未申の金神殿、須佐之男命と小松林の霊がミロクの神の御霊で結構な御用がさしてありたぞよ。ミロク様が根本の天の御先祖様であるぞよ。国常立《くにとこたち》の命は地の先祖であるぞよ」云々と記している。この神島にミロクが降りてきたと考えていたのである。それが辰の年であり、辰の年にそうした事態が起こったのである。大正五年辰の年は、大本教にとっては、ミロクがこの世に出現してきたことを示すエポックメイキングな年となっているということがわかる。仏教上の表現ならば弥勒下生の事実と照応するわけである。

先の「お筆先き」によって、ミロク（弥勒）が出現してくることが説かれるわけであるが、この大正五年以後になると、盛んに弥勒出現が可能となってきている。それでは、このミロク様とはどういう性格なのかということになる。その内容を次にみてみよう。

ミロク降臨

たとえば、大正六年旧三月十二日の「お筆先き」によると、「ミロク様が天の御先祖であるぞよ。この世を始めなされた御先祖であるぞよ。月の大神様の昔から仕組みなされた事は、何かの時節がまゐりてきたから、天地の岩戸を開けて見せねば、いつまで言ひ聞かしてをりても人民にわからんから、もう実地を始めると、どんな我の強い守護神でも改心せずにはをれん事になるぞよ。吾妻の国は一と晴れの実りのいたさぬ。薄野尾実りいたさな国は栄えぬぞよ」（大正六年旧三月十二日）云々とある。

ここでは、ミロク様が天の御先祖であると説いており、このミロクが現実世界に降りてきていると認識している。あるいはミロク様が、この世を昔のミロク様の世に戻してくれる。「日本《ひのもと》の国を霊主体従で立てていかねば、天地の直接のお系統で万世一系、天壌無窮ちっとも混血無しの世に致す経綸であるから、ここまでに来るのには普通一般の身魂では、よう辛抱をいたさんぞよ。ここまでに日本の国を四つ足の自由にしられて、実地の大本を無いも同様にいたしておいて末代の世をいまだこのままでやりて行かうとの悪智恵を絞り出して、後先構はず一生懸命に気張てをるが、とても成就は九分九厘のところでいたさん。気の毒なものであるぞよ」（大正七年旧正月二十三日）。

この「お筆先き」も、昔のミロク様の世に戻すという言い方をしている。この二つのお筆先きはいずれも、大正五年にミロクが神島に来臨したという信仰的事実によって、大本教が、ミロクによるこの世に対する教えを説いていく一つの契機を経ていることが分かる。大本教において辰の年であるということは、辰の年には何かが起こるという潜在的意識の発現とみてよいだろう。たとえば、それはミロクが出現するということ、それと戦争が起こるということ。いずれも戦争の予言となる。しかもその予言がことごとく、大本教の場合は当っていたということである。

昭和三年辰の年

大正五年の後の辰の年とは大正十七年となる。もちろん、大正十七年はなく、昭和三年になるわけである。大正五年に右のような大事件があった後、昭和三年の辰の年に、やはり大きな変革が起こるだろうということが、当然予想されたわけである。すなわち今までの説明から言えば、弥勒十年辰の年となる。昭和三年の年であるが、この年を大本教は非常に強く主張していたのである。

昭和三年三月三日、この辰の年、王仁三郎はちょうど五十六歳と七か月になる。語呂合わせ的になるのであるが、数の上で、五、六、七となる。これが五十六億七千万の数を使って説明されている。そしてそれが辰の年にあたるわけである。そこで、その時点にすべてが数字の上で一致するのであるから、大本教では大きな変革が起こるというように設定した。五

弾圧によって引き倒されたみろく殿の大屋根

十六億七千万年に対応させて、自分自身が五十六歳七か月にあたると計算した。そしてその時期にミロクが出現すると説く。それは、神島にミロクの霊が降りてきて、今度は、具体的に本人自身が弥勒になるという発想であった。したがって、弥勒が下生し化身として出現するのは、この時点になる。そこで盛大な儀式が昭和三年三月三日に行なわれた。これを大本教では弥勒大祭とよんでいる。

前述したような、弥勒下生に際会する折り目を、弥勒三会《さんえ》・竜華三会の暁と言うが、大本教は、これを昭和三年三月三日に相当させ、盛大な祝いをしたのである。その折、祭壇に多くの供物を並べたが、それが、きわめて象徴的な内容であった。たとえば王仁三郎はリンゴ三個。二代目教主は大根と八ツ頭（民俗行事の上で、大根といもは、供物としてはご馳走になる）。これを供物として差し出したという。

ところがこの儀礼は内務省のほうから見ると、昭和三年辰の年三月三日、五十六歳七か月という時期に、この世の中に何か起こるということを予言している不逞の輩である、というようにうけとったわけである。そこで、ミロク大祭が行なわれるのを察知して治安維持法を適用しようとした。これが大本教に対する第二次弾圧である。

第一次弾圧はすでに大正十年に行なわれていた。これは、大正十年辛酉革命説にのっとっていた。つまり、辰の年変革とは別の変革が考えられた。そのことは後述するが、昭和三年の時点は、要するに弥勒仏が出現する年であって、しかも大本教の中で、ミロクの神霊が王仁三郎に乗り移るという、そういう儀式であった。その儀式に際して、内務省では、大根とか八ツ頭とかリンゴをお供えするというのは、あきらかに秘密結社の儀礼であると認定した。すなわち、反体制的な結社を、リンゴとか八ツ頭とか大根をお供えすることによって、秘密裡に組織したのだと為政者側はとらえた。つまり、このことが治安維持法にふれるという判断であった。はたして祭りのやり方として、そういう意識があったのかどうか、明確ではない。ただ、教祖の五十六歳と七か月目の時点に、特別なことが起こると考えている教団側の発想が、秘密結社を組織したというように、内務省はとらえ、これを弾圧するという形になったわけである。大本教の中では具体的なプログラムがあり、じょじょに弥勒が具体的な姿をとるという形で、この世の中に現実に実在化させていこうとしていたと思われる。そのことは、大正五年前後から「ミロクの世」というかたちを設定してきたという点から推察されている。

昭和三年辰の年に、はっきりしたイメージとして弥勒の実名化を提示した。弥勒が出口王仁三郎とイコールになるというところまで、考えたということになるわけである。それではいったいここで想定された「弥勒の世」というのは、どういうものであったのかということが問題となる。

大本教の「ミロクの世」

明治三十五年の「お筆先き」の中に、この世をこのままにしておいたならば、日本は外国に奪われてしまう。あるいは世界は泥海に化してしまう。だから「末法の世を縮めて、まつの世にいたして、日本神国の行状を世界の手本に出して、外国人を従はして、万古末代動かぬ神の世で、三千世界の陸地の上を守護いたして、神・仏事・人民を安心させてやるぞよ」(明治三十五年旧三月十一日)といっている。この「まつの世にいたして」の、「まつ」の意はこれは明らかに「待つ」である。待望される世があるという意識であろう。やがて来る世界というものを、まず設定しておいて、これが「弥勒の世」に変えられていく。「昔の元の弥勒さま」という表現があるのである。

つまり、いちばん始源の世界は、弥勒が支配していた理想的な世界なのだ、という思考が明らかである。「昔の弥勒さまの、純粋の、いつになりても変はらぬ」、そのままの状態で秘密の経綸(仕組み)が凝結して、末代動かないように、「まつの仕組何神にもわからぬやうに」とある。それが善一筋の真実の道に連なる、という言い方である。絶対に確固とした不動の世界、これが始源の世界であり、すなわち弥勒の世界であるという。この「弥勒の世」に、この世をもう一度つくり変える必要があるという。始源の世界というのはどういう世界かと言うと、「木の葉を衣類にいたし、草や笹の葉を食物にいたして、きれもの一つあるでなし、土に穴を掘りて住居をいたしたものでありたが、天地の神々の御恵でだんだんと住家も立派になり衣類も食物も結構に授けていただくやうになりたのは、みなこの世をこしらへた元の活神の守護で人民が結構になりたのであるぞよ」(明治二十九年旧十二月二日)と説明されている。

つまり、木の葉を着物として笹の葉を食べて暮らしている、いわば原始人的な生活である。その世界が始源の世界であり、かつ「元の弥勒の世」であるという。これが、だんだん結構な生活を送るようになってくると、人民は「元の弥勒の世」を忘れてしまう。そうすると終末がきて泥の海と化してしまう。だから元に戻さなくてはいけない。「元の弥勒さまの世となりて人民の寿命も長くなり、神ははげしくなるなれど人民は穏やかに暮らすようになるぞよ」(大正六年旧九月三十日)。「ミロクの世と申すのは、結構な世であるぞよ。作りは良く出来るし、人民の気質が良くなりて人民の寿命は長くなり、仕事もこれまでのように無理もいたさいでもよい」(大正三年旧九月十五日)。人の心が穏やかで、善い心になり悪いこともしないようになり、ぜいたくなことはしなくなる。「ミロクさまの世」になると、「国の奪い合いというような見苦しい事をいたさいでも、天からと地の世界からとして、ミロクさまの天と地との大神が世界中もかまわならん世がまわりてきたぞよ」(大正四年旧五月二十四日)。これも戦争のない延命長寿の世界、悪のない世界、そうした「ミロクの世」が想定され、やがて「まつの世」から変化して具体的に現われてくると説く。そのためには、幾つかの段階があるという考え方に大本教の特徴がある。そこで幾つかの予言が行なわれているのである。すなわち明治二十五年の辰の年に、「ミロクの世」に対する一つの予言が出ていたのであった。

二 「弥勒の世」へのプログラム

弥勒出現の三つの段階

「弥勒の世」になるプロセスとして、大本教では三つの段階を設定している。まず法身弥勒と最初に言っている。この法身弥勒という言い方は、明治三十年ぐらいからで、その次は応身弥勒になる。これはさまざまな形に変身して、弥勒が現われてくると考える。最後が報身弥勒となる。これを次のように説いている。

まず、法身弥勒という場合には、善とか美を布教する段階らしい。それから応身弥勒になると、さらに力を持ってきて、真とか善とか平和のために、悪と戦う段階であるとする。悪と対立するミロクが、この応身弥勒にはある。たとえば、応身弥勒は、米の種のようなものである、と言っている。籾を苗代に蒔き、草を取る。それから田に植え付けてまた草を取り、水を注いで、やがて実った後は稲刈り、稲機にかけたり臼でひく。そして俵につめる。ここまで働くのが応身の役割である。稲が実ってくるまでに、さまざまな災害をもたらす悪と戦いながら、稲を作っていく。最終段階には報身弥勒となる。これは最高のユートピアと考えられている。天下泰平至善至美の世界である。そうしたユートピアに達することができる。そこに達するまでに、幾つかのエポックメイキングなときがあると言う。たとえば大難と小難とがある。大難を防いで小難に切り替えようとする。大きな災難を防いで小さな災難へと切り替えようとする、そういう時期がある。大きな災難というのは、風水害・大火災、これが起こるとノアの洪水以上のものになるという。つまり大自然が破壊される。それから小難のほうは、飢饉とか病気とか戦争である。これは人間の力によって防ぐことができる。大難が起これば世界は破滅するが、小難ならば破滅から逃れることができる。そこで、ここが応身弥勒の立ち場から言えば、大難を変じて小難にしていかなければいけない。そういうかたちで終末の状況を乗り切らなければいけないのだという主張がされている。

出口王仁三郎が弥勒の化身と称することは、この三つの段階のうちどこに相当するのかというと、第二段階、つまり悪と戦い、それと対決するようなかたちで終末を切り替えて、小難にしていくという段階の応身弥勒にあたるようである。したがって、最終的には報身弥勒になるのであるが、それに至るまでのプロセスに、出口王仁三郎の戦う教祖のイメージの正当化が理論的になされているといえる。すなわち、法身弥勒は出口なおの段階ということになる。

大本教はこういうかたちで展開してきた。そして最終的な段階ではユートピア実現に至るわけであるが、そこに至る前に弥勒の化身を名のる中で、弥勒自身に役割分担が措定されていることになる。つまり「ミロクの世」の出現と言いながら、その実現に至るには、三つの段階に分けていることが大きな特徴である。そして出口王仁三郎は、第二段階の部分に位置づけられる弥勒である。これはきわめてプログラム化されている説明である。ここには終末的な段階は切り抜けられるのだという発想があるから、追いつめられた終末だ、と見なさない結果になる。小難と見なして切り替えるという発想をもっているのである。つまり、極端な破局は、初めからプログラムには入れていないことになる。終末の危機状況を避けるという方法をとるかたちであって、これが大本教の弥勒における一つの特質と言われるものであろう。しかもこの中で重要なことは、この発想は全て辰の年に則して展開していることである。それが弥勒下生の、大本教における理論的な説明になっていたのである。

辛酉革命と大正十年

ところが、前述したように、別な文脈から生じた大きな事件があった。これがいわゆる大本教の第一次弾圧と称される大正十年（一九二一）の事件である。この大正十年は辰の年ではなかったのである。なぜこの年の変革が取り上げられたのだろうか。

辰の年というのは、民衆の潜在的な変革思想と非常にうまく密着したかたちで広がったものであった。ところが大正十年の発想の場合は、中国の革命思想に依っているといえる。革命というのは、辛酉《しんゆう》革命に代表される、つまり、六十年に一度やってくる年である。干支の組み合わせでまわってくる年なのである。この辛酉革命の思想に基づいて、日本の紀元節が設けられたことはよく知られている。中国では、六十年に一度と決められており、その際、世の中が大きく変わるというけじめとされる。中国哲学の知識体系の中から生まれている変革の年といえよう。干支という十干十二支の組み合わせからすればどうしても六十年に一度ずつサイクルがやってくることになろう。これは日本の伝統にない考え方である。

日本の農耕世界においては、飢饉と豊作、豊作と飢饉と、その繰り返しを説明していく発想が強い。それも、せいぜい長くても十二年に一度であって、その折り目に辰の年と巳の年を予想する。大蛇など動物の脱皮新生の意をもつ辰・巳の年が、日本の変革の年にあてはめられるわけであるから、それほど論理的にはっきりした根拠があるわけではない。ところで中国流の辛酉の年は、大正十年に当たっていた。大正十年に当たる辛酉の年は、明治の年号でいえば、明治五十四年になる。実際に明治五十四年はないが、大本教はこの明治五十四年に、大変革が起こるということを、すでに明治三十七年の辰の年に予言していたのである。

また、王仁三郎の歌にこういう歌がある。

三千歳の世の建て替えも迫りけり　後の三年に心許すな

これは大正七年に作られた歌であるが、大正十年を明らかに意識している。大正十年の辛酉の年に大変革が起こるであろうと。これはやはり、王仁三郎が中国哲学のインテリジェンスの持主であったことを証明する。

こうしたことは、第一次大本事件として、しばしば注目されている事実であった。その年が次第に近づいてくると、たいへん強烈な形で大本教は世界革命を訴え始めたのである。

たとえば、いわゆる建設の前の破壊が行なわれる。この現状の世界が、木っ端みじんに打ち砕かれる時期が眼前に迫ったという。それが欧州戦争に引き続いて起こる。日本対世界の戦争を機会として、いわゆる天災地変も同時に起こり、世界の大選択が行なわれるのであるという。一人のまぐれ死にも、一人のまぐれ助かりもない。「そしていよいよと云ふ時に、……霊活偉大荘厳を極めたる神力の大発現がありまして、大地震、大海濤、大暴風雨、火の雨などによって解決されるのですがその時死滅すべき因縁の者は、皆死滅してしまひます。繰り返して申します。時期は日に日に刻々と切迫して参りました」（『大本七十年史』三九八頁）。

こういう内容を繰り返し宣伝した。これはまさに、終末の時期を、現実のものとして受け止めて行く社会情勢が一方に出ているわけである。大正十年代頃になると、世界的不況が高まり、世界戦争の危機がせまってきた。大正九年となると、社会不安はますます露骨になってゆく。そこでこの年の節分を境として宇宙は再び一大転換を行なうに違いない。審判の火の手は近づいた。一切の邪悪は、大正十年を期して滅ぼされてしまうのだ、等々と、大本教の予言が明確化していくことになった。

このように、日本の伝統的思考にはない終末観を述べてくるわけである。大本教が辛酉の年の革命思想にのって、社会現象の動きをそれに当てはめて説明しようとしたことは、歴然としていた。為政者側は、それに対して弾圧をはじめたわけである。この点は日本近代史の上でも見過ごすことのできない事実であった。

大本教第一次弾圧

大正十年二月十二日に、大本教の本部である丹波の亀岡を警察が急襲した。実際に予言の大変革は、大正十年三月三日か五月五日になっていた。その前に政府は弾圧をしたわけである。王仁三郎は捕縛されてしまった。したがって、結果的にはその時点には、何も起こっていなかったわけである。建て替え、建て直しが行なわれなかったことになる。ただ、そういう革命の年＝辛酉の年に基づいて、急速に大本教の信者とその周辺の人々に大変革が意識されていたということになる。

大本教の研究が、大正デモクラシーの問題と重ね合わせて、近代思想史の上で、欠くことのできないものとして位置づけられるようになってきたのは、今述べたような、他の宗教教団には見られない、一種のメシアニズムを持った宗教運動を、一つの軸として持っていたことによる。教団として独自の軍隊を組織していたわけである。それから新聞、雑誌を宣伝道具に使った。信者たちの中枢の指導者たちは、ほとんど大学出のインテリばかりであった。それと大学・高等学校の学生たちが一緒に運動に入っていた。学生たちも、高等学校や中学校の学生大会のようなところで、大本教に参加することを決議したりした。

学生たちはいわゆる当時の長髪族といわれ、皆髪の毛を長くしている。学校の授業は一切出ないで、大本教の集会に集まってしまう。したがって、文部省などもヤキモキして取締りにのり出した。内務省も、これを反乱運動と認定した。教団側は、世界が終末に陥ったときに天皇を迎えるための場所を本部にこしらえたのである。大本教自身は準備万端整えたところで、実際に行なうべきリーダーの王仁三郎が、牢獄の中に入ってしまったわけであるから、革命ができなかった。ところで政府の弾圧の方法としては、宗教運動の中身の問題よりも、これが淫祠《いんし》邪教の類であって、かつ天皇制に盾ついたというかたちで弾圧したことになる。つまり、治安維持法にひっかかるようなかたちで、弾圧をしたのであった。

大本教の場合は、民間にあるミロク信仰というものをかなり吸収して存在していたといえる。一方では、知識人の中にある弥勒下生の信仰というものをプログラム化したことは、評価されていいと思われる。しかも、具体的に三段階まで設定しているわけである。ただ単純に「弥勒の世」になりますよというような考え方だけではなかった。とりわけ応身弥勒という部分に非常に力点を置いた。この応身弥勒のあり方は、対社会的な主張を持つ位置づけであった。応身弥勒は、あらゆる悪に対抗して、その悪を小悪に変える志向をもつ。つまり、大難を小難に変えるという意識を持っているわけである。中国・朝鮮の宗教運動と比較して、ラジカルな妖術を使って反体制を主張し、独立政府とか新党を設立するという発想を取っていないといえる。

この大本教自身は、日本ではラジカルなかたちとして珍しい存在であるが、よくみると一つの順序を経ており、全てをひっくり返して新世界にするというものではない。世界の一部を修正して、たとえば大難でひっくり返すのではなくて、小難にして被害を最小限度にする方向をとろうとする。戦争をするにもただ勝つ戦争ではなくて、勝たない戦争をするという発想である。負けるのではないのである。勝たないでよい。そういう発想で、終末を乗り越えてゆくという考え方を打ち出している。

この大本教の影響は、第二次大戦後の新しい日本の新教団の中に、かなり浸透したのである。前述の沖縄のミロク教なども同様なものの考え方を持っている。すなわち始源の世界は、「ミロクの世」であると説き、洞窟の奥に始源の世があるとした。

始源の世が「弥勒の世」だという発想を基本として持っていた。したがって、元の世に戻るという見方を盛んにする。終末の世で、その後に、始源の世に戻るのだという考え方を持つわけである。

日本の宗教社会の中で、弥勒を名乗ることを明示したのは先の富士講の身禄と、この大本教の弥勒であった。具体的には、王仁三郎であるということは前にも説明したが、どういうかたちで弥勒になるかという場合、日本の民俗宗教としての、ミロク信仰の体系を反映して現われてきているといえる。つまり、仏教の中の弥勒信仰とは違ったタイプを表わすということが、こうした事例からもうかがえることになると思う。

まとめ

メシアに乏しい

今までの日本の弥勒信仰を、民衆のレベルで捉えることを考えてきたが、それを幾つかの問題にまとめておきたい。

日本の宗教社会には、未来に現われるメシアというものの出現を、具体的に説くという性格は、きわめて乏しいといえる。したがって、弥勒＝メシアを待望して、至福千年というか、千年王国論を展開するような宗教運動というものにも欠けていることになる。

現象的にはそのように結論づけられるのであるが、それでは、なぜそうなのかということについては、幾つか比較する視野をもってみるべきである。東南アジアから東アジアを含めた中で、弥勒信仰を、すなわち大乗仏教の文化圏の中で、それぞれの民族性に合わせて検討する必要があるということになる。

その場合には、これらの民族はいずれも未開民族ではなくて文明民族であり、漢字文化の知識を非常に長い歴史的な過程で蓄積している国々である。日本には中国から入ってきた多くの漢字文化によって、常識化した知識、体系化された知識があるわけである。そういう知識の中には、道教や陰陽道を窓口にして、仏教も一緒に持ち伝えられてきているのであるが、仏教的なものと、道教的なものと、陰陽道的なものと、それから日本に本来あったと思われる伝統宗教的なものが、ミックスされていることになる。その結果、どういう形の弥勒信仰が現われてきたのかという問題になる。

弥勒の舟

第一の特徴が、鹿島地方を中心に広がってきた信仰文化圏の中にある。この軸は、海上彼方のユートピアから、弥勒の船が、お米をたくさん載せて渡ってくるという思想である。その船には弥勒菩薩が乗っているが、具体的イメージで乗っているという証拠はなくて、十三小女郎というような若い女性＝巫女が乗っているといわれている。これは巫女によるシャーマニズムと関連するであろう。その巫女が弥勒仏と関係しながら鹿島へ船に乗ってやってくる。それは鹿島の大物忌《おおものいみ》と称する女司祭者、女神官の託宣に投影されている。いわゆる神がかりをして、一年間の予言を伝える大物忌によって、平和な世界が保証されるという、それが結果的に「弥勒の世」になると考えられた。

それは同時に農耕の上では豊穣の世界である。予言を伝える手段として歌と踊りが発達した。弥勒鑽仰の弥勒踊りと、疫病をはらう鹿島踊りと、この二つが江戸時代の初めから中頃には、流行踊りとして一世を風靡している。つまり、それは託宣と踊りというものを軸にした、擬似的宗教運動といえるものが展開したと指摘できよう。

さらに時代的に言えば、古代、中世の弥勒上生信仰を軸とした、貴族社会の弥勒信仰とは別に、辺境の地であった東国で——特に大和朝廷から見れば境の周縁的な部分にあたる国々、関東中部から東北の各地に流行したと思われる。そのきっかけになったのが、弥勒私年号というものであった。これは弥勒下生の大きなメルクマールになるわけである。

弥勒私年号があり、弥勒踊りがあり、鹿島踊りがあり、かつそこに鹿島の予言があったわけである。そこに構想された弥勒信仰が、中世から近世にかけての時期に描かれている。これが一つのポイントになるわけである。この弥勒私年号を設定した民衆思想というものは、日本の農耕社会の一つのライフサイクルと対応するものであるといえる。

農耕ミロク

日本の農耕社会は、豊年と飢饉が統計的に見ても繰り返し起こってきており、極端な飢饉にはなりにくい。日本はそういう土壌と気候条件をそなえている国といえる。徹底的に追いつめられて農耕社会が破滅に瀕するという事態には、遭遇していないといえる。そういう社会であるから、豊穣と破局とが交互にやってくるという現われ方が、潜在的には、辰の年とか巳の年という、蛇とか竜が脱皮新生する動物信仰を軸にした俗信を生んだといえる。

蛇がうごきだす六月に、巳の日が三回あると巳の年になる。その巳の年が弥勒の年になるという、そういう考えが設定されている。そうした土着の発想を軸とする「ミロクの年」というものが一方にある。これは弥勒私年号が設定される基礎でもあった。私年号の系譜の中に位置づけられる思考であるが、漠然とした考えは、ほぼ十二年に一度くらい「ミロクの年」がやってくる。それは飢饉をもたらし、同時に豊年をもたらす、きわめてアンビバレントな性格を持っている。しかし、明らかにそうした年が民間に設定されていたことは間違いない。「ミロクの年」が、恐ろしい飢饉の年であるからその結果素晴らしいユートピアにもなり得るという期待を、半分持っていたということが、日本の民俗信仰の中で言えるのではないかと思われる。

入定ミロク

第三番目には、真言宗の行者たちが、仏教上の弥勒下生信仰を説いたことである。黄金浄土の金峯山に三会の暁と称する弥勒の世界が現われてくるので、その時期まで生きのびていようという考えがあり、具体的にはいわゆる入定ミイラの信仰となって表われている。こうした信仰を持った真言行者の世界が、民間において大きな位置を占めるようになった。これは高野山信仰が、平安時代の末法思想の一つの結論として発達したことと対応する。古代末期からの信仰であるが、弘法大師が入定して、火葬されたと言いながら、なお生身のままで空虚の墓の伝説を伝えてきている。ちょうど、キリスト・イエスが再臨しているのと同じ構造を持った信仰である。弘法大師が生き永らえているのだという。その弘法大師をモデルとして聖とか行者——山岳で修行する行者たち——をたくさんかかえていた真言宗系の教団が、山岳信仰と結びついて発達した。しかも山岳を金峯山浄土の弥勒浄土になぞらえて考えている。その山に居て弥勒出世を待つ、そういう行者たちが修行を重ねた後、平地の村の中に入り込んでいった。定住した農耕民は、かれらを自分たちの救い主であるという感覚でとらえるようになった。それが、民間の大師伝説であり、弘法大師の奇蹟を語った大量の伝説の中にその意図が読み取れるのである。

山中奥深くに他界というユートピアを構想して、そこに弥勒の世界が出現することを、行者たちが明示したがために、人々は山岳信仰に大きな期待を寄せるようになっていた。こういう真言宗系の入定伝説を秘めた弥勒信仰が、海上他界の鹿島信仰とは対照的に、日本には存在したわけである。

富士講身禄

この両者の流れから、民衆の中に弥勒信仰というものは急速に伸びてきたのである。江戸時代になった段階で、まず最初は富士山の中から江戸へ新しい行者として角行が現われてきた。彼は悪い疫病を退散させる力を持っており、江戸市中を徘徊して信者を集めた。その富士講が、六代目の行者に、身禄を名乗る救い主を生み出したわけである。この身禄行者が「ミロクの世」を設定して、自分は入定を遂げた。それを契機として享保十八年以降、つまり一八世紀の中葉以降、富士講＝不二道が、特に東日本の民間社会において急速に伸びてゆくことになる。

とくに富士講の一派の不二道は、女性と男性は平等の立場に立ち、かつ農耕世界を維持させるために、男と女は平等にセックスをすべきことを説いた。男と女の位置が逆転することにより、真の産む性が認識できると説いた。セックスをすることは、農耕社会を豊かにすることであるという原則に立ったものである。そういう教え方をして農民の間に大勢の信者を集めてきたわけである。これは、いかにも農耕的なミロクを前提にした新しい教団として栄えたが、何回も弾圧の対象になってくるわけである。幕府としては富士講＝不二道に対し新義異宗の禁を適用させ、淫祠《いんし》邪教の類として押さえ込もうとしたわけである。

世直しミロク

一般の民衆の間では、「世直し」という意識は前から持たれており、これが、いつかは世の中が変わらなくてはいけないということを、絶えず思っているが、現実には大きな、極端な変革によって、この世の中が変わるということは避けたいという意識となっている。これは、大地震が起こったときに「世直し、世直し」と唱える呪いの文句の中にもあるが、大地震が起こったならば、それは一時的には世直しであるが、大地が破壊されて大津波が起こったりして、自然界が破局になってしまうということは避けようとしている。つまり、決定的な終末があって、新しい世界が生まれてくるというようには考えないのである。むしろ、じょじょにある時点で、「弥勒の世」が具体的に明らかになってくればよいと考えている。そうした「弥勒の世」が念頭にあるといえる。このことは鯰絵の図柄を読み取ると、よく分かってくる。

大本教ミロク

以上のような民衆の宗教的世界観の中にある要素を背景として、近代の大本教が、日本の新宗教運動の原点として出発したのであった。大本教の問題は第八章において記したが、

「世直し」という言い方ではなくて、「立て替え立て直し」ということを表現した。しかも、「立て替え立て直し」は、出口王仁三郎が自らを弥勒の化身として想定した結果によって示された。しかも、弥勒の化身となる出口王仁三郎は、辰の年の変革を前提にしながら、この世の中が変革すると考えた。それは大きな災難で終末になるのではなくて、小さい災難でその終末を乗り越えながら、理想的な「弥勒の世」になるべきであるということを説いていた。

これは明らかに、民衆の持っている宗教的な世界観の延長線上にあるものとしてとらえられる「弥勒の世」の構想になるわけである。こういう問題を東アジアの、中国の民衆反乱運動、あるいは朝鮮半島に起こってくる政権交代を意図した、弥勒運動と対比した場合に、日本型の特徴が示されてくることになるのである。

天皇制とミロク

この問題について、なぜそういうことになるかというはっきりした回答はまだ言えないが、天皇制が日本には存在しており、民衆の私年号設定に対し、公年号というかたちで統合された年号が一方にある点が一つ注目される。つまり、これは天皇が制定する公年号が優先されるという伝統が古くからあった。また、天皇が追放されて別に外国から強力な支配者が入ってくるという歴史的な体験がない。日本は、そういう点では世界にも珍しい民族なのである。したがって、土着の伝統宗教が、白人の植民地支配に抵抗して世界の回復を求めるというラジカルな東南アジアや開発途上国の宗教運動とも、決して同様な構造をとらないというかたちになっているといえる。

このように日本文化論の全体の流れの中で、弥勒信仰というものは位置づけられてくるのであり、今まで紹介した諸資料から再構成される弥勒信仰は、日本の文化の構造の特徴をいみじくも示してくると考えられるわけである。

参考文献一覧

第一章

和歌森太郎「奥能登における弥勒信仰の伝承」『人類科学』VI　昭和二八年
同「近世弥勒信仰の一面」『史潮』四八号　昭和二八年
木村　博「竹（笹）の実異変」の民俗」『日本民俗学会報』四五号　昭和四一年
同「前兆」『講座日本の民俗宗教』第四巻　弘文堂　昭和五四年
平山敏治郎「取越正月の研究」『人文研究』三―一〇　昭和二七年
井之口章次『日本の俗信』弘文堂　昭和五〇年
坪井洋文「厄年・年祝い」『日本民俗大系』四巻　平凡社　昭和三七年
安藤更生『日本のミイラ』毎日新聞社　昭和三六年
内藤正敏『ミイラ信仰の研究』大和書房　昭和四九年
戸川安章「山形県庄内地方に現存するミイラ」『日本歴史』五二　昭和二七年

第二章

V・ランテルナーリ（堀一郎、中牧弘允訳）『虐げられた者の宗教』新泉社　昭和五一年
青木保「近代と未開社会」『東京大学東洋文化研究所紀要』昭和三七年

中島成久「ジャワにおけるメシアニズムの系譜」『九州大学比較教育文化研究施設紀要』30号　昭和五四年
古野清人『原始文化ノート』紀伊國屋書店　昭和四二年
松本文三郎『弥勒浄土論』丙午出版社　明治四四年
渡辺照宏『愛と平和の象徴　弥勒経』筑摩書房　昭和四一年
速水　侑『弥勒信仰――もう一つの浄土信仰』評論社　昭和四六年
鶴岡静夫『日本古代仏教史の研究』文雅堂書店　昭和三七年
桜井徳太郎『日本のシャマニズム』下巻　吉川弘文館　昭和四九年
高取正男「日本におけるメシア運動」『日本史研究』二四　昭和三〇年
安永寿延『日本のユートピア思想』法政大学出版局　昭和四六年

第三章

谷川道雄・森正夫編『中国民衆叛乱史』1　平凡社　昭和五三年
鈴木中正『中国史における革命と宗教』東京大学出版会　昭和四九年
野口鉄郎「中国宗教結社史研究序章」『近代中国』第四巻　昭和五三年
三品彰英「新羅花郎の源流とその発展」『史学雑誌』四五巻一〇号　昭和一一年
森田竜僊『弘法大師の入定観』藤井文政堂　昭和四年
喜田貞吉「弘法大師の入定説に就いて」『史林』五巻二号　大正九年
真野俊和『旅のなかの宗教』日本放送出版協会　昭和五五年
石田瑞麿『極楽浄土への誘い』評論社　昭和五一年

舟ケ崎正孝『日本庶民宗教史の研究』同文書院　昭和三七年

第四章

橋川　正『概説日本仏教史』平楽寺書店　昭和三九年
平岡定海『日本弥勒浄土思想展開史の研究』大蔵出版　昭和五二年
中井真孝『日本古代の仏教と民衆』評論社　昭和四八年
速水　侑『弥勒信仰――もう一つの浄土信仰』評論社　昭和四六年
井上光貞『日本古代の国家と仏教』岩波書店　昭和四六年
阪本英一「嵩山のミロク信仰」『日本民俗学会報』四九号　昭和四二年
みすず村誌編纂委員会『みすゞ』昭和三六年
久保常晴『日本私年号の研究』吉川弘文館　昭和四二年

第五章

宮田　登「弥勒信仰と民俗」『講座日本の民俗宗教』第二巻　弘文堂　昭和五五年
宮井義雄『鹿島香取の研究』山岡書店　昭和一五年
永田衡吉「鹿島踊の考察」『神奈川県文化財調査報告』21集　昭和二九年
同　『神奈川県民俗芸能誌』上巻　錦正社　昭和四三年
鹿島文化研究会『鹿島みろく』昭和四八年

第六章

柳田国男『海上の道』筑摩書房　昭和三六年
孫　晋　泰『朝鮮の民話』岩崎書店　昭和三一年
　同　『朝鮮神歌遺篇』郷土研究社　昭和五年
酒井卯作「ミロク信仰の流布と機能」『南島研究』一一号　昭和四五年
宮田　登「『みろくの船』再考」『茨城県史研究』一九　昭和四六年
村山智順『朝鮮の占卜と予言』朝鮮総督府　昭和八年
宮田　登『民俗宗教論の課題』未來社　昭和五二年
細井　肇『鄭鑑録』自由討究社　大正一二年
山下欣一『奄美説話の研究』法政大学出版局　昭和五四年
大林太良「ミルクポトケとサクポトケ」『伊波普猷全集』第九巻月報　平凡社　昭和五〇年
上江洲均「知念民俗小記」『やちむん』四号　昭和四八年
宮田　登「弥勒信仰」『講座日本の古代信仰』第一巻　学生社　昭和五五年
山路勝彦「沖縄・粟国島の農耕儀礼」『社会人類学研究会報』五　昭和四二年

第七章

日本常民文化研究所『富士講と富士塚』第二集、第四集　昭和五三年、昭和五四年
宮崎ふみ子「不二道の歴史観」『現代宗教』2　春秋社　昭和五五年
宮田　登『神の民俗誌』岩波書店　昭和五四年
宮田　登「富士信仰の展開」『日本文化史研究』笠間書院　昭和五五年
C・アウエハント、小松和彦他訳『鯰絵――民俗的想像力の世界』せりか書房　昭和五四年

小島瓔禮「富士塚と六月一日の雪」『相模民俗』四一号　昭和三五年

第八章

大本教七十年史編纂会『大本七十年史』上・下　昭和四〇年
鹿野政直『大正デモクラシーの底流』日本放送出版協会　昭和四八年
出口栄二『大本教事件』三一書房　昭和四五年
出口ナオ・村上重良校注『大本神諭』天の巻　平凡社　昭和五三年

本書の原本『新しい世界への祈り　弥勒』は、一九八〇年に佼成出版社から刊行されました。〔　〕は編集部による注記を示します。なお、本書には現在では差別的とされる表現が含まれていますが、著者が故人であること、差別を助長する意図はないことを考慮し、原本刊行当時の慣行に則った文章のままとしました。

宮田　登（みやた　のぼる）

1936-2000年。神奈川県に生まれる。東京教育大学文学部卒業。同大学大学院修了。筑波大学教授，神奈川大学教授などを歴任。筑波大学名誉教授。元日本民俗学会会長。文学博士。専攻は民俗学。民間信仰，都市民俗はじめ広汎なテーマで，歴史学等の周辺分野とも連携しながら業績をのこした。著作多数。学術文庫に『民俗学』がある。

講談社学術文庫

定価はカバーに表示してあります。

弥勒《みろく》

宮《みや》田《た》　登《のぼる》

2023年７月11日　第１刷発行

発行者　鈴木章一

発行所　株式会社講談社

東京都文京区音羽 2-12-21 〒112-8001

電話　編集（03）5395-3512

販売（03）5395-4415

業務（03）5395-3615

装　幀　蟹江征治

印　刷　株式会社広済堂ネクスト

製　本　株式会社国宝社

本文データ制作　講談社デジタル製作

ISBN978-4-06-531971-0

「講談社学術文庫」の刊行に当たって

これは、学術をポケットに入れることをモットーとして生まれた文庫である。学術は少年の心を養い、成年の心を満たす。その学術がポケットにはいる形で、万人のものになることは、生涯教育をうたう現代の理想である。

こうした考え方は、学術を巨大な城のように見る世間の常識に反するかもしれない。また、一部の人たちからは、学術の権威をおとすものと非難されるかもしれない。しかし、それはいずれも学術の新しい在り方を解しないものといわざるをえない。

学術は、まず魔術への挑戦から始まった。やがて、いわゆる常識をつぎつぎに改めていった。学術の権威は、幾百年、幾千年にわたる、苦しい戦いの成果である。こうしてきずきあげられた城が、一見して近づきがたいものにうつるのは、そのためである。しかし、学術の権威を、その形の上だけで判断してはならない。その生成のあとをかえりみれば、その根は常に人々の生活の中にあった。学術が大きな力たりうるのはそのためであって、生活をはなれた学術は、どこにもない。

開かれた社会といわれる現代にとって、これはまったく自明である。生活と学術との間に、もし距離があるとすれば、何をおいてもこれを埋めねばならない。もしこの距離が形の上の迷信からきているとすれば、その迷信をうち破らねばならぬ。

学術文庫は、内外の迷信を打破し、学術のために新しい天地をひらく意図をもって生まれた。文庫という小さい形と、学術という壮大な城とが、完全に両立するためには、なおいくらかの時を必要とするであろう。しかし、学術をポケットにした社会が、人間の生活にとってより豊かな社会であることは、たしかである。そうした社会の実現のために、文庫の世界に新しいジャンルを加えることができれば幸いである。

一九七六年六月

野間省一

宗教

2583
速水　侑著
菩薩　由来と信仰の歴史
観音、弥勒、地蔵、文殊、日光・月光。「悟りを求める人」はさまざまな姿で現れる。各尊の成り立ちとご利益、日本への伝来と信仰の歴史を、写真や図版をまじえて解説する仏教学入門。仏像拝観の手引きにも。

電P

2591
稲垣良典著
トマス・アクィナス『神学大全』
神とは何か。創造とは、悪とは、そして人間の幸福とは？　キリスト教の根源にトマスはいかに挑んだか。「ひとりの修道者としてのトマス」による「一冊の書物」として、斯界の第一人者が読む『大全』の核心。

電P

2596
トマス・ア・ケンピス著／呉　茂一・永野藤夫訳
イミタチオ・クリスティ　キリストにならいて
十五世紀の修道士が著した本書は、『聖書』について多くの読者を獲得したと言われる。読み易く的確な論しに満ちた文章が、悩み多き我々に安らぎを与え深い瞑想へと誘う。温かくまた厳しい言葉の数々。

電P

2609
木内堯央著（解説・木内堯大）
最澄と天台教団
律令国家の中で機能する仏教のあり方を追究した最澄の生涯と、円仁、円珍をはじめ、良源、源信、天海ら高僧を輩出して国教的な地位を占め、日本仏教の母胎となった天台教団の歴史。日蓮も、道元も、ここで学んだ。

電P

2617
廣岡正久著
ロシア正教の千年
モスクワを第三のローマに！　弾圧に耐え、権力と対峙しながら人々の精神的支柱となってきたロシア正教会の歴史を、政治と社会の流れの中で捉えた労作。ツァーリ専制の時代から、プーチンとの蜜月まで。

電P

2624
鎌田茂雄著
朝鮮仏教史
東アジア仏教圏に属しながら、中国とも日本とも異なる独自の仏教文化を持つ朝鮮半島。高句麗・新羅・百済三国時代の伝播から、高麗、李朝、そして現代に至る仏教の歴史的展開を総覧する。

電P

文化人類学・民俗学

124
柳田國男著（解説・田中宣一）
年中行事覚書
人々の生活と労働にリズムを与え、共同体内に連帯感を生み出す季節の行事。それらなつかしき習俗・行事の数々に民俗学の光をあて、隠れた意味や成り立ちを探る。日本農民の生活と信仰の核心に迫る名著。

135
柳田國男著（解説・中島河太郎）
妖怪談義
河童や山姥や天狗等、誰でも知っているのに、実はよく知らないこれらの妖怪たちを追究してゆくと、正史に現われない、国土にひそむ歴史の事実をかいまみることができる。日本民俗学の巨人による先駆的業績。

484
白川　静著
中国古代の民俗
未開拓の中国民俗学研究に正面から取り組んだ労作。著者独自の方法論により、従来知られなかった中国民族の生活と思惟、習俗の固有の姿を復元、日本古代の民俗的事実との比較研究にまで及ぶ画期的な書。

528
鶴見和子著（解説・谷川健一）
南方熊楠《みなかたくまぐす》
南方熊楠――この民俗学の世界的巨人は、永らく未到のままに聳え立ってきたが、本書の著者による満身の力をこめた独創的な研究により、ようやくその全体像を現わした。〈昭和54年度毎日出版文化賞受賞〉

661
谷川健一著（解説・宮田　登）
魔の系譜
正史の裏側から捉えた日本人の情念の歴史。死者の魔が生者を支配するという奇怪な歴史の底流に目を向け、呪術師や巫女の発生、呪詛や魔除けなどを通して、日本人特有の怨念を克明に描いた魔の伝承史。

677
宮本常一著（解説・田村善次郎）
塩の道
本書は生活学の先駆者として生涯を貫いた著者最晩年の貴重な話――「塩の道」「日本人と食べ物」「暮らしの形と美」の三点を収録。独自の史観が随所に読みとれ、宮本民俗学の体系を知る格好の手引書。 電Ⓟ

文化人類学・民俗学

711・712
C・レヴィ＝ストロース著／室　淳介訳
悲しき南回帰線（上）（下）
「親族の基本構造」によって世界の思想界に波紋を投じた著者が、アマゾン流域のカドゥヴェオ族、ボロロ族など四つの部族調査と、自らの半生を紀行文の形式でみごとに融合させた「構造人類学」の先駆の書。

715
宮本常一著（解説・田村善次郎）
民間暦
民間に古くから伝わる行事の底には各地共通の原則が見られる。それらを体系化して日本人のものの考え方、労働の仕方を探り、常民の暮らしの折り目をなす暦の意義を詳述した宮本民俗学の代表作の一つ。

761
宮本常一著（解説・山崎禅雄）
ふるさとの生活
日本の村人の生き方に焦点をあてた民俗探訪。祖先の生活の正しい歴史を知るため、戦中戦後の約十年間にわたり、日本各地を歩きながら村の成り立ちや暮らしの仕方、古い習俗等を丹念に掘りおこした貴重な記録。

810
宮本常一著（解説・田村善次郎）
庶民の発見
戦前、人々は貧しさを克服するため、あらゆる工夫を試みた。生活の中で若者をどう教育し若者はそれをどう受け継いできたか。日本の農山漁村を生きぬいた庶民の内側からの目覚めを克明に記録した庶民の生活史。

994
折口信夫著（解説・岡野弘彦）
日本藝能史六講
まつりと神、酒宴とまれびとなど独特の鍵語を駆使して藝能の発生を解明。さらに田楽・猿楽から座敷踊りまで日本の歌謡と舞踊の歩みを通観。藝能の始まりと展開を平易に説いた折口民俗学入門に好適の名講義。

1082
柳田國男著（解説・桜田勝徳）
新装版　**明治大正史　世相篇**
柳田民俗学の出発点をなす代表作のひとつ。明治・大正の六十年間に発行されたあらゆる新聞を渉猟して得た資料を基に、近代日本人のくらし方、生き方を民俗学的方法によってみごとに描き出した刮目の世相史。